Bibliothek des Widerstands · Band 5

Herausgegeben von Willi Baer, Carmen Bitsch und Karl-Heinz Dellwo

Rebels with a cause

LAIKA-Verlag

Inhalt

Florian Butollo
Vom Protest zur Revolution 13
    I. 1960-1964: Die Formierung der SDS als Neue Linke 15
    II. 1965-1968: Die SDS im Zentrum der studentischen
        Massenbewegungen. 28
    III. 1968: Weltweiter Aufbruch der Bewegung,
        Wendepunkt der SDS 47
    IV. Organisation in Bewegung: Subjekt, Ideologie
        und Organisation damals und heute 72

Studenten für eine demokratische Gesellschaft (SDS)
Port Huron Erklärung, 1962 93

Filmografie 113
Biografisches 115
Inhalt der DVD 120

Protest vor dem Washington Monument: Der »March on Washington« am 17. April 1965 war ein Wendepunkt in der Geschichte der SDS.
Niemand – auch nicht die SDS-AktivistInnen – hatten mit einer derart starken Beteiligung gerechnet.

Plötzlich war der Protest gegen den Vietnam-Krieg zu einer Massenbewegung geworden: Der »March on Washington« 1965 vor dem Weißen Haus.

17. April 1965: Vor dem »March on Washington« hatte sich Präsident Lyndon B. Johnson auf seine Farm in Texas zurückgezogen. Doch auch hierher kam eine Handvoll KriegsgegnerInnen.

Florian Butollo

Vom Protest zur Revolution

Die Metamorphosen der Students for a Democratic Society in den Massenbewegungen der Sechziger Jahre

Als die Mitglieder der Student League for Industrial Democracy im Januar 1960 beschlossen, sich in SDS – Students for a Democratic Society umzubenennen und damit einen kleinen Schritt auf dem Weg gingen, der den Verband zur größten und einflussreichsten studentischen Bewegungsorganisation aller Zeiten machen sollte, war die Organisation so gut wie niemandem bekannt. Die SDS bestanden aus knapp 200 Mitgliedern, deren Aktivität sich maßgeblich auf relativ trockene Theoriediskussionen und die Organisation landesweiter Konferenzen beschränkte. Zwei ihrer drei lokalen Hochschulgruppen trugen in Referenz auf den liberalen Philosophen, der für eine pragmatische Wende in der Philosophie und die Demokratisierung aller Lebensbereiche einstand, den Namen John Dewey Discussion Club. Die Organisation setzte es sich zur Aufgabe, »eine größere aktive Beteiligung der Studierenden an der Lösung der Gegenwartsprobleme in den Vereinigten Staaten zu erzielen«.[1]

Im Mai 1969 warnte John Mitchell, US-Generalstaatsanwalt und enger Vertrauter von Präsident Richard Nixon: »Students for a Democratic Society scheinen eine Politik umzusetzen, die Aufruhr unter der sonst friedfertigen Studierendenschaft schüren will.«[2] Die Organisation hatte um die 100.000 Mitglieder, sie war das unbestrittene Zentrum des studentischen Protestes, hatte an praktisch jeder Hochschule der USA Gruppen, die über mehrere Jahre Motor und Mentor von

Aktionen verschiedenster Art gewesen waren, und sie war so gut wie allen Studierenden ein Begriff – aus eigener Erfahrung, oder weil alle führenden Medien des Landes Reportagen und Berichte über die SDS veröffentlicht hatten. Die SDS hatten nichts mehr mit John Dewey am Hut. Die Mehrheit der Mitglieder betrachtete sich als Revolutionäre und suchte nach Mitteln und Wegen, dem »US-Imperialismus« den Garaus zu machen.

Zwischen diesen zwei Momenten liegt ein Jahrzehnt profunder Radikalisierung einer ganzen Generation. Die Geschichte der Students for a Democratic Society ist die Geschichte dieser Radikalisierung, die Hunderttausende Menschen innerhalb und außerhalb der Hochschulen in den USA, dem »Herzen der Bestie«, dazu brachte, die grundlegenden gesellschaftlichen Werte, die Institutionen und schließlich den Kapitalismus selbst in Frage zu stellen. Die SDS sind Teil einer Bewegung, welche die mächtigste Militärmaschinerie der Welt ins Wanken brachte und ausschlaggebend dafür war, dass die Regierung der USA den Krieg in Vietnam 1975 mit einer für sie traumatischen Niederlage beenden musste. Insofern ist ihr Kampf eine Quelle der Inspiration für heutige Bewegungen, die für eine andere Welt und die Beendigung imperialistischer Kriege eintreten.

Aufgrund ihrer zentralen Rolle innerhalb der studentischen Proteste waren die SDS ein Laboratorium politischer Strategien, in dem – von parlamentarischer Politik über »Kommune machen« bis zum bewaffneten Kampf – so ziemlich alle Ansätze gelebt und erprobt wurden, die auch in der heutigen linken Strategiediskussion und Praxis eine Rolle spielen. Gerade das macht die Geschichte der SDS so interessant. Sie ist mit ihren Anläufen, ihren Erfolgen und Misserfolgen ein Vorläufer der Bewegungen, die heute gegen Krieg, Ausbeutung und Rassismus und für eine andere Welt eintreten. Sie ist Teil unserer Geschichte. Es liegt an uns, daraus Schlüsse für zukünftige Strategien zu ziehen.

Im Folgenden sollen die verschiedenen Phasen in der Entwicklung der Students for a Democratic Society nachgezeichnet werden. Die Darstellung ist eine Synopse bestehender Bücher über die SDS, allen voran Kirkpatrick Sales materialreiche und bislang unübertroffene Monographie aus dem Jahr 1973. Der Darstellung ist aber nicht an einer bloßen Nacherzählung, sondern an einer Herausarbeitung des Wandels von Selbstverständnis und Strategie der Organisation in den verschiedenen Phasen gelegen. Dem liegt das Verständnis einer Wechselwirkung von Organisation und Bewegung(en) zugrunde. Die SDS spielten eine entscheidende Rolle bei der Entstehung der Proteste an den Hochschulen und prägten sie in nachhaltiger Weise. Sie waren aber selbst Teil der Protestbewegung, die sich keineswegs auf die Hochschulen und den nationalen Raum beschränkte. Sie waren damit auch deren Dynamiken und Konjunkturen unterworfen und wurden von den Ereignissen geprägt. Im Falle der SDS wird besonders deutlich, dass Strategiebildung nicht im luftleeren Raum stattfindet, sondern dass die Akteure in hohem Maße – insbesondere in einer politisch so dichten historischen Periode wie den Sechziger Jahren – selbst von der Wucht der Ereignisse beeinflusst sind.

Insofern wird die Geschichte der SDS im weiteren Kontext mit der gesamten Protestbewegung dieser Zeit interpretiert. Die Strategien der Organisation spiegeln dabei das Weltbild der Akteure, ihre Sichtweisen über die Aufgaben der Organisation sowie das Verhältnis zu den Kämpfen von Akteuren außerhalb der Universitäten wider, insbesondere jenen der AfroamerikanerInnen und den antiimperialistischen Befreiungskämpfen der Dritten Welt. An Letzteren offenbaren sich schließlich auch die innere Uneinigkeit und die Zerwürfnisse innerhalb der SDS in den Jahren 1968/69, die schließlich zu ihrer Spaltung und ihrem Niedergang führten.

Im Schlussteil wird versucht im Interesse einer Auswertung für die zukünftige linke Praxis entlang dreier Themen zu resümieren, welche während der gesamten Sechziger Jahre eine zentrale Rolle für die Entwicklung der SDS spielten: der Frage des Subjekts der Veränderung, der Bedeutung von »Ideologie« und der Rolle von Organisation.

I. 1960-1964: Die Formierung der SDS als Neue Linke

»Als Angehörige dieser Generation, die wir in zumindest bescheidenem Wohlstand aufgewachsen sind und uns nun an den Universitäten befinden, betrachten wir die uns vermachte Welt mit Unbehagen.«[3]

Der erste Satz des 1962 verabschiedeten Port Huron Statements, einer Erklärung, welche die eigentliche programmatische Konstituierung der SDS darstellt und mit über 60.000 vertriebenen Exemplaren das wahrscheinlich einflussreichste Dokument der Bewegung in diesen Jahren ist, kündigt das Aufbegehren einer Generation an, welche die USA durch massenhaften Protest nachhaltig verändern wird.

Die Zeiten von Protest, Widerstand und Revolution sind zu diesem Zeitpunkt aber noch weit entfernt. Lediglich 59 Personen versammeln sich 1962 in Port Huron, Michigan, wo die Erklärung nach einer intensiven Arbeitskonferenz verabschiedet wird. Trotz ihrer geringen Größe repräsentieren die SDS, im Gegensatz zu der aufgrund des vorherrschenden Antikommunismus zurückgezogenen oder angepassten Rest-Linken, schon 1962 einen neuen Aufbruch, das authentische Streben einer neuen Generation studentischer Aktivisten nach Veränderung; einem Wandel, der über den Horizont der angepassten Liberalen, welche auf eine Linksentwicklung der Demokratischen Partei hoffen, und der dogmatisch erstarrten stalinistischen Linken hinausgeht. Die SDS sind in ihrer Frühphase und auch während des größten Teils ihrer späteren Entwicklung, Seismograph dieses Aufbegehrens der Studierenden. In ihnen finden die frühen AktivistInnen erstmals zusammen und artikulieren den Unmut, der unter der makellosen Oberfläche des prosperierenden amerikanischen Nachkriegskapitalismus brodelt. Im Port Huron Statement formulieren die SDS zum ersten Mal die Bestrebungen und die strategischen Ansätze der neuen Protestorganisation. Vor allem aber beginnen sie zu handeln. Die SDS brechen damit mit dem Sumpf von Passivität und nach innen gewendeten Theoriedebatten, der in der Linken der Fünfziger Jahre dominiert hatte. Sie sind neben den AktivistInnen und Organisationen der Civil Rights-Bewegung der erste Pol von politischer Unruhe an den amerikanischen Universitäten.

Es ist diese Authentizität der Organisation, ihre Fähigkeit, den Unmut des fortschrittlichsten Teils der Studierenden aufzunehmen und in offener und zugänglicher Weise ein gemeinsames Programm und eine gemeinsame Praxis zu entwickeln, welche den Verband dazu positioniert, später im Zentrum der Studierendenbewegung zu stehen. Wie ging diese Formierung der Students for a Democratic Society vonstatten?

Über die Beschränktheit punktueller Proteste hinaus – SDS als »multi-issue«-Netzwerk

Der Lack der US-amerikanischen Nachkriegsgesellschaft hatte zu Beginn der Sechziger Jahre erste Kratzer bekommen. Die entstehenden Risse in der Gesellschaft konnten immer weniger von der Erzählung eines American Way of Life, der Euphorie für technischen Fortschritt und das Leben im »freien Teil der Welt« sowie der Erfahrung materiellen Überflusses gekittet werden. An den Rändern der Gesellschaft machte sich Unmut breit. Schon die Werke der Autoren der Beat Generation (lies: »heruntergekommene, geschlagene Generation«), u.a. Jack Kerouac, William Burroughs und Allen Ginsberg, transportierten auf literarischer Ebene die Kritik an Konformität und autoritärer Herrschaft sowie den Wunsch, aus diesen vorgezeichneten Lebensbahnen auszubrechen. Letzteres setzten zu diesem Zeitpunkt die wenigsten der heranwachsenden Generation in die Tat um, aber viele, insbesondere jene, die auch im Rock'n'Roll einen rebellischen Aufschrei gegen die herrschende Moral erkannten, teilten diesen Traum. Der Stachel aber, der aus dem vagen Gefühl einer Entfremdung von den dominanten Werten der Gesellschaft politische Aktion machte, war der zivile Ungehorsam der frühen Bürgerrechtsbewegung.

Am 1. Februar 1960 setzten sich vier Besucher einer Woolworth-Filiale in Greensboro, North Carolina, an die Bar der Cafeteria und bestellten einen Kaffee. Diese Aktion war Ausgangspunkt für scharfe, oft gewalttätige Auseinandersetzungen, aber auch für eine Welle der Solidarität und des Widerstandes. Denn bei den Woolworth-Kunden handelte es sich um Farbige, die von ihnen besetzten Plätze waren aber gemäß den Gesetzen der Rassendiskriminierung, die im Süden der USA noch Gültigkeit besaßen, Weißen vorbehalten. Dieses erste Sit-in in Greensboro fand, genau wie die so genannten Freedom Rides, bei denen Schwarze bei Busfahrten die ihnen vorenthaltenen Sitzplätze einnahmen, massenhaft Nachahmer: Etwa 50.000 AktivistInnen beteiligten sich in den darauf folgenden Monaten an derartigen Demonstrationen. Damit veränderten sich sowohl die soziale Zusammensetzung als auch die Mittel der bis dahin legalistisch agierenden Bürgerrechtsbewegung radikal. Die Bilder der erbitterten Auseinandersetzungen mit der Polizei und der weißen Bevölkerung, bei denen zahlreiche AktivistInnen verletzt, verhaftet und manche sogar getötet wurden, waren ein Fanal für einen Teil der jungen Intellektuellen, die sich nach Alternativen zur ideologischen Konformität in der Gesellschaft und nach einem Aufbrechen der politischen Apathie in der Bevölkerung sehnten. Und für einige Studenten war es mehr als das; sie traten selbst in Aktion. Viele der schwarzen Aktiven, nicht zuletzt jene, die den Stein in Greensboro ins Rollen gebracht hatten, waren selbst Studenten. Das Student Non-Violent Coordinating Committee (SNCC) entstand neben den etablierten Organisationen der Bürgerrechtsbewegung und wurde zum Organisationszentrum der neuartigen Protestformen. Nachdem die ersten Sit-ins bekannt geworden waren, kam es schnell auch zu Solidaritätsaktionen weißer Studierender für die Bürgerrechtsbewegung.

Civil Rights war der wichtigste Anlass für Protest in dieser Zeit. Doch auch zu anderen Themen traten Studierende in Aktion. Aktion, die einen Ausweg aus der Passivität und dem stillen Unbehagen dieser Zeit zu weisen schien. Aktion, die erstmals eine kritische Minderheit zusammenführte. Das Port Huron Statement beschreibt diesen Wandel in der politischen Landschaft der Universitäten: »In den letzten Jahren haben tausende amerikanische Studierende gezeigt, dass sie zumindest die Brisanz unserer Zeit erkannt haben. Sie protestierten aktiv und direkt gegen rassistische Ungerechtigkeit, den drohenden Krieg, Verletzungen der individuellen Rechte und der Gewissensfreiheit sowie (seltener) gegen wirtschaftliche Manipulation. Nach der Starre der McCarthy Zeit gelang es ihnen somit, wieder ein bescheidenes Maß an Kritik auf den Campus zu tragen.«

Mit anderen Worten: In diesen frühen Protesten beginnt sich der Kern der zukünftigen Protestgeneration zu formieren. Und dies wurde von den AkteurInnen in gewisser Weise durchaus wahrgenommen. Die Dokumente über die Frühphase der SDS und der Bewegung, in prägnanter Weise auch das Port Huron Statement, vermitteln Optimismus und die Überzeugung, dass die Gesellschaft in Bewegung geraten sei.[4]

Die Teilnahme einer kleinen Minderheit der Studierenden an politischer Bewegungspraxis war allerdings noch lange kein Garant dafür, dass die Students for a Democratic Society mit diesem Prozess in Verbindung kommen sollten. Der Zustand des Verbandes deutete zunächst kaum darauf hin. Die Organisation, damals offizielle Gliederung der League of Industrial Democracy (LID), befand sich nicht weniger als die meisten anderen linken Organisationen in einem erbärmlichen Zustand, was sich vor allem darin festmachte, dass sie in den Debatten, Kategorien und dem Diskussionsstil längst vergangener Zeiten verfangen waren und kaum ein praktisches Selbstverständnis für aktuelle politische Auseinandersetzungen besaßen. Als einer der wenigen überregionalen Studierendenverbände, zudem als einer, der aufgrund seiner liberalen-sozialdemokratischen Beliebigkeit kaum auf antikommunistischen Vorbehalte stieß, wurden die SDS dennoch bald zum wichtigsten Kristallisationspunkt der Politisierung der weißen Mittelschicht.

Entscheidenden Anteil daran hatte der damalige Präsident der SDS, Robert Alan Haber. Im Unterschied zur Mutterorganisation LID, mit denen diesbezüglich ein Konflikt entstand, begriff er die Relevanz des studentischen Aktionismus für die Zukunft organisierter progressiver Politik in den USA. Auf seine Initiative hin setzte sich die Organisation das strategisches Ziel, die führenden Köpfe der verschiedenen lokalen Studentenaktivitäten zusammenzubinden und für das Projekt eines landesweiten Studentenverbandes zu gewinnen. Die SDS sollten nördliches Pendant des im Süden agierenden SNCC sein und mit dieser Organisation in enger Verbindung stehen.

Diese Formierungsstrategie Habers beinhaltete die Einbindung von führenden Mitgliedern anderer studentischer Organisationen in die SDS. An der Versammlung in Port Huron, auf der die SDS ihr Gründungsmanifest diskutierten und verabschiedeten, beteiligten sich auch VertreterInnen von zehn verschiedenen studentischen Organisationen. In Opposition zum damaligen Dogma der liberalen Linken wurden dabei sogar auch BeobachterInnen sozialistischer und kommunistischer Organisationen zugelassen – ein weiterer Punkt, der zum Konflikt mit der Mutterorganisation LID führte. Als Vernetzung von KernaktivistInnen bestehender lokaler Netzwerke und Organisationen standen die SDS nicht in Konkurrenz zu den meisten lokalen Campus-Gruppen. Dies wäre nicht mit dem Ziel vereinbar gewesen, den Kern der neuen AktivistInnen für den Verband zu gewinnen. Dennoch waren die SDS aber keine Dach- oder Schirmorganisation. Durchaus konnten Einzelmitglieder dem SDS beitreten, und die Organisation SDS arbeiten vehement an einem gemeinsamen Selbstverständnis, das dem neuen Geist auf dem Campus Ausdruck verleihen und damit über die bestehenden Organisationsansätze hinausgehen sollte. Vorerst wurde jedoch mit gutem Grund darauf verzichtet, separate SDS-Lokalgruppen an den Universitäten aufzubauen.

Der Zweck der Vernetzung bestand in der Frühphase der Organisation, in der Protest noch sporadisch und die Medienberichterstattung dünn war, nicht zuletzt im Informationsfluss. Viele der mit den SDS assoziierten Gruppen beteiligten sich selbst an Solidaritätsaktionen mit der Bürgerrechtsbewegung, als Freiwillige bei der Unterstützung der SNCC AktivistInnen in den südlichen Bundesstaaten oder bei Protesten zu anderen Fragen, wie z.B. der politischen Meinungsäußerung an den Universitäten. Die SDS tauschten Informationen über die verschiedenen Aktivitäten aus und dienten als Forum des Austauschs zwischen den Lokalgruppen. Tom Hayden, einer der wichtigsten Köpfe der frühen SDS, beteiligte sich an zahlreichen SNCC-Aktionen im Süden zur Wählerregistrierung, wurde selbst Opfer gewaltsamer Übergriffe und berichtete hautnah und mit journalistischem Talent von den erschütternden Auseinandersetzungen. Ein wachsendes studentisches Publikum verfolgte diesen Kampf und eine nicht geringe Zahl schloss sich inspiriert von den Kämpfen im Süden – dem Inbegriff eines existentialistischen, moralischen Aktivismus – den SDS an. Zur Zeit der Konferenz in Port Huron im Mai 1962 waren die SDS bereits von 250 (Ende 1960) auf 800 Mitglieder angewachsen.[5]

Doch worin bestand der politische Inhalt dieser Formierung? Nachdem ein Versuch, sich auf praktische Prioritäten zu einigen, zunächst gescheitert war, weil eine Vielzahl gleichberechtigter Vorschläge für Aktivitäten nebeneinander existierten, die kaum unter einen Hut gebracht werden konnten, setzte sich die Initiative

Habers durch, einen Katalog gemeinsamer Werte als Fundament des Verbandes zu formulieren. Eine Idee, die auch darauf abzielte, möglichst viele politische Kräfte mit sich z.T. widersprechenden strategischen Orientierungen zu integrieren. In intensiven Sitzungen verschiedener Arbeitsgruppen wurde auf einer landesweiten SDS-Versammlung in Port Huron, Michigan die gleichnamige Erklärung verfasst und verabschiedet.

Das Port Huron Statement enthält eine umfangreiche Kritik der politischen Klasse der Vereinigten Staaten, der Angepasstheit der Demokratischen Partei und der Konformität in der gesamten Gesellschaft. Es verurteilt den Rassismus, die zunehmende soziale Spaltung, den Rüstungswettlauf und das Demokratiedefizit in der US-Gesellschaft. Demgegenüber werden die Werte benannt, welche als Basis einer Veränderung dieser Gesellschaft dienen sollten: Humanismus, Individualismus, Gemeinschaftlichkeit – und Participatory Democracy, eine kommunitaristische Form der Demokratie, in der die Menschen selbst, auf Basis von demokratischer Diskussion und Konsens, über alle Bereiche des Lebens entscheiden sollten. Participatory Democracy sollte, zumindest bis in die zweite Hälfte der Sechziger Jahre hinein, ein Schlüsselbegriff der studentischen Bewegung werden. Er beinhaltete Kritik an der undemokratischen Gesellschaft; Kritik am Rassismus, der Schwarze nicht teilhaben ließ; Kritik am Krieg, bei dem Jugendliche gegen ihren Willen in den Krieg geschickt wurden. Er bedeutete zudem eine Alternative: eine gesellschaftliche Utopie, eine klare Abgrenzung zum Stalinismus und ein politisches Prinzip, über das sich RadikaldemokratInnen und demokratische SozialistInnen einig sein konnten. Außerdem war Participatory Democracy eine Richtschnur für eigenes Handeln, für eine alternative politische Strömung. Participatory Democracy war das Organisationsprinzip der SDS. Entscheidungen sollten unter Beteiligung aller Aktiven im Konsens geschlossen werden. Eine Herangehensweise, mit der die SDS unterschiedliche politische Ansätze in einen breiten Minimalkonsens integrieren und trotzdem eine gemeinsame Organisationsidentität aufbauen konnten.

In Bezug auf die praktische Orientierung benennt das Port Huron Statement schließlich einige strategische Eckpunkte. Bemerkenswert ist, dass die Erklärung hier relativ vage bleibt; ein Ausdruck dessen, dass die SDS in ihrer Entwicklung von der alten zur neuen Linken weit davon entfernt waren, über eine elaborierte Strategie zu verfügen; vor allem aber Ausdruck eben jenes Credos der breiten Integration der Mitglieder: Postionen sollten nicht unnötig durch verfrühte Festlegungen ausgeschlossen, der Verband nicht auf einen Königsweg der Veränderung festgelegt werden – insbesondere nicht auf jenen, dem sich LID und die traditionellen liberalen Strömungen verschrieben hatten: der Reform (realignment) der Demokratischen Partei in Richtung einer sozialdemokratischen-liberalen Orientierung. Tom Hayden beschrieb die bewusste programmatische Offenheit in dieser Phase: »Lassen wir zu, dass die Bewegung für eine Weile vieldeutig bleibt. Töten wir sie nicht, indem wir ihr sofort Formeln für realignment [d.h.: Umorientierung der Demokratischen Partei, F.B.] aufzwingen. Wir müssen wachsen und expandieren und wir sollten zulassen, dass die moralischen Werte ein bisschen neu ausgerichtet werden [get realigned]. Wenn das Bewusstsein dann dazu bereit ist, können wir ernsthaft und in einer praxisorientierten Art und Weise über Lösungen diskutieren.«[6]

Statt einer expliziten politischen Strategie deutet das Port Huron Statement daher nur in eine grobe Richtung, v.a. in einem wichtigen Punkt: der Benennung der Universitäten als Zentrum der Aktivität und der Studierenden als potentiellen Trägern der gesellschaftlichen Veränderung.

Trotz der bewussten politischen Offenheit ist das Port Huron Statement faktisch ein Programm zur Reform, nicht zur Abschaffung der bestehenden Institutionen. Es repräsentiert explizit die Perspektive der akademischen Mittelschicht und entsprechend stehen ihre Sorgen, weniger die von Schwarzen, ArbeiterInnen und sozial Deklassierten im Vordergrund. Das Potential der bevorstehenden Linksentwicklung und die Unterschiede der Wahrnehmungen der Gründungsgeneration zur alten Linken sind in der Erklärung jedoch identifizierbar und treten vor allem an zwei Aspekten zu Tage: der Entfremdung der akademischen Jugend von den US-amerikanischen Institutionen, die sich in den Folgejahren in mehreren Schritten bis zur Ablehnung des kapitalistischen Systems radikalisieren sollte, und der Verknüpfung der verschiedenen einzelnen Missstände zu einer Gesamtheit, einer Totalität. Letztere Erkenntnis, dass es um die grundsätzliche Veränderung der Gesellschaft gehe und nicht nur um Reformen in Einzelfragen, enthält ebenfalls ein Potenzial zur Radikalisierung, das in den Folgejahren zur Geltung kommen sollte, selbst wenn das Port Huron Statement diese Totalität weder als »System« noch als »Kapitalismus« benennt.

Beide Aspekte zusammen gaben den SDS zudem eine praktische Aufgabe, welche sie von allen bestehenden studentischen Organisationen unterschied. Das Hauptaugenmerk lag dementsprechend nicht auf der Beeinflussung der Demokratischen Partei, sondern auf »Druck von unten« durch Protest. Und dabei war die Rolle der SDS nicht primär diejenige, einzelne Missstände zu beheben, sondern deren Verallgemeinerung und Verknüpfung, ein »aggressiver Multi-Issue-Ansatz«, oder, wie es Richard Flacks, ein weiterer Protagonist der Gründungsgeneration, formulierte: »Die Sache, über die es eine Art Einverständnis gab, war, dass es notwendig sei, über all diese Bewegungen hinauszugehen, dass diese Bewegungen untergehen würden, wenn sie keine breitere Strategie zum Ausdruck bringen würden.«[7]

Die SDS betrachteten es als ihre Aufgabe, in diesem Sinne Aufklärungsarbeit zu leisten. Ihre Materialien sollten verständlich und auf DemonstrantInnen zugeschnitten sein. Damit kreierten die SDS eine zu dieser Zeit einzigartige Mischung aus Aktivismus und intellektuellen Analysen. »Den AktivistInnen boten sie einen intellektuellen Rahmen und eine Vision radikaler Demokratie, den Intellektuellen ein auf direkte Aktion ausgerichtetes Programm.«[8]

Die unsektiererische Herangehensweise der SDS, ihre Betonung von Konsens und ideologischer Offenheit – Prinzipien, die stark an das heutige attac-Netzwerk erinnern – waren eine Voraussetzung dafür, dass die SDS, im Gegensatz zu den Organisationen der alten Linken, ein Sammelbecken für den Kern kritischer Studierender werden konnten, der sich in den frühen Sechziger Jahren bildete. Ähnlich wie im Fall von attac sollte hier aber nicht Ursache und Wirkung verwechselt werden. Triebkraft des Wachstums der SDS war die neu entstehende Politisierung, die aus der Entfremdung von der amerikanischen Gesellschaft entsprang. Ihre Form versetzte sie in die Lage, zu einem authentischen Ausdruck dieser Linksentwicklung zu werden.

Von der Uni in die Ghettos – können Studierende eine Bewegung der Deklassierten entfachen?

Die Erarbeitung des Port Huron Statements, die faktische Neugründung des Verbandes und seine programmatische Verortung wird von vielen Teilnehmern als Erlebnis eines großen Aufbruchs beschrieben. Optimismus und solidarische, offene Diskussion, nicht der Frust und das Sektierertum wie in weiten Teilen der restlichen Linken, prägten die junge Organisation, und vor allem wurde dem Unmut und der Irritation über die Gesellschaft endlich ein theoretischer Ausdruck verliehen. Die Orientierung auf Protest und gesellschaftliche Bewegung bedeutete allerdings noch lange nicht, dass die SDS wirklich eine genaue Vorstellung der Praxis der Organisation entwickelt hätten. Das Port Huron Statement hatte zwar die Universität als wichtigsten Ort politischer Veränderung benannt, oppositionelle Bestrebungen waren dort jedoch immer noch die Ausnahme, die Zeit einer studentischen Massenbewegung noch nicht gekommen. Die Universitäten waren sichtbar der Hort der privilegierten Mittelschicht und wurden von den SDS sehr wohl auch als Teil der amerikanischen Machtstruktur identifiziert, nicht als ein Ort herrschaftsfreier Diskussion, an dem kritisches Denken florierte; kurz: Die Universitäten fühlten sich für Radikale zunehmend an »wie ein Käfig« (T. Gitlin).

Schon im Herbst 1963 beschlossen die SDS daher eine bedeutende strategische Umorientierung: Nicht die Universitäten und die Studierenden sollten zukünftig die Träger sozialer Veränderungen sein, sondern die Deklassierten in den amerikanischen Städten. Die Aufgabe der Intellektuellen sei es, sich unter die Ärmsten in der Bevölkerung zu mischen und sie dazu zu befähigen, für ihre eigenen Interessen zu kämpfen. Im so genannten Economic Research and Action Project (ERAP) wurde zunächst ein Dutzend Großstädte ausgewählt, in deren Armenvierteln die studentischen AktivistInnen arbeiten sollten; als Agitatoren, Organisierer und vor allem Geburtshelfer eines Interracial Movement of the Poor, einer umfassenden Bewegung der Armen weißer und schwarzer Hautfarbe.

Das ERAP-Programm beinhaltet im Vergleich mit dem Ansatz der Port Huron-Konferenz eine neue Radikalität, die maßgeblich mit der fortschreitenden Desillusionierung mit der Demokratischen Partei zusammenhängt. Die Kennedy-Regierung hatte die Welt Ende 1962 während der Kuba-Krise an den Rand eines Atomkrieges gebracht. Der Wahnsinn, mehrere Tage (zwischen dem 22. und 29. Oktober 1962) nicht zu wissen, ob die Welt in einer atomaren Apokalypse untergeht, während die SDS mangels einer gemeinsamen Position zu dieser Frage handlungsunfähig blieben, bestätigte die Anschauung der SDS, dass es sich bei der Regierung um eine Machtstruktur handelte, die der demokratischen Entscheidung entzogen und von der Bevölkerung entfremdet sei. Die Wut auf den Corporate Liberalism, den herrschaftsförmigen und konzernnahen Kurs der Demokratischen Partei, steigerte sich in der Folgezeit weiter. Der Parteitag der Demokratischen Partei in Atlantic City zwei Jahre später war eine weitere Station dieser Entwicklung. Der Parteitag war der zentrale Fokus für die Neuausrichtung der Demokratischen Partei auf progressive Ziele. Vor allem AktivistInnen der Bürgerrechtsbewegung hatten ihre Hoffnung darauf gesetzt, die Demokraten zum Vehikel der Forderungen zu machen. Doch unter dem Einfluss der Dixiecrats, des konservativen Blocks der Partei aus den südlichen Bundesstaaten, wurden diese Hoffnungen enttäuscht – eine Erfahrung, die maßgeblich zur Radikalisierung der Bürgerrechtsbewegung zur Black Power-Bewegung beitrug. Für die SDS schließlich fand die Entfremdung zum bürokratisierten und angepassten Liberalismus sogar im eigenen Haus statt. Die Mutterorganisation LID, fest auf die Perspektive der Reform der Demokratischen Partei und auf einen strikten Antikommunismus festgeschrieben, wurde durch den neuen Kurs der SDS von der Port Huron-Konferenz in helle Aufregung versetzt. Die recht moderaten Forderungen des Manifestes, vor allem aber der Hergang der Konferenz selbst, auf der Beobachter kommunistischer Organisationen zugelassen waren, verletzte das Prinzip des Antikommunismus und stand im Widerspruch zur zahmen, auf die Demokratische Partei ausgerichteten Praxis der LID. Ein Ausschluss der SDS, vorübergehend schon vom Vorstand der LID beschlossen, konnte zwar vorerst verhindert werden. Die Organisationen entfremdeten sich aber sukzessive bis zur endgültigen Trennung im Oktober 1965.

Das Ergebnis des Konflikts war eine nachhaltige Desillusionierung mit der angepassten Strategie und dem bürokratischen Stil der LID und die Erkenntnis, dass die SDS sich als eigenständige linke Organisation in der Gesellschaft verstehen müssten, die nicht zwangsläufig auf studentische Themen und die Universitäten und erst recht nicht auf eine Reform der Demokratischen Partei beschränkt bleiben müsse. Die Welt am Rande eines Atomkrieges, anhaltende Entrechtung der Schwarzen und ein immer mehr ins Bewusstsein der Öffentlichkeit rückendes Armutsproblem in den Großstädten, die Demokratische Partei eher Teil des Problems als die Lösung – es liegt nicht fern, dass der Drang aus dem elitären, weißen Elfenbeinturm der Universitäten auszubrechen und die existenzialistische Erfahrung »echter« Politik unter den Armen zu machen, größer wurde. Dabei spielte wohl auch eine gehörige Form Eskapismus eine Rolle. Wie Jack Kerouac in seinem Roman On the Road den Ausbruch aus Mittelstandsgesellschaft und Normalbiografie zugunsten eines radikalen Nomadendaseins beschreibt oder später die Hippies der bürgerlichen Gesellschaft den Rücken kehrten, suchten die von der Gesellschaft zunehmend entfremdeten Intellektuellen eine authentischere Aufgabe und Existenz. Sie begannen ein Leben voll von Enthaltsamkeit in den Ghettos der Großstädte und suchten ihrer privilegierten Existenz den Rücken zuzukehren.

Eingebettet war dies in eine Gegenwartsprognose, die auf das unmittelbare Aufbrechen der gesellschaftlichen Spannungen baute. Das auf der National Convention der SDS im Oktober 1963 verabschiedete Papier »America and the New Era«[9] thematisiert internationale Ereignisse trotz der jüngsten Zuspitzung in der Kuba-Krise mangels Konsens nicht, geht aber vom Szenario einer tiefen ökonomischen Krise, eines starken Anstiegs der Arbeitslosigkeit und vom Aufbrechen von Unruheherden aus. Die »neuen Aufständischen« – sie selbst – müssten in dieser

Krise zur Entstehung einer Protestbewegung beitragen, indem sie die Selbstaktivität förderten, insbesondere um das Thema Arbeitslosigkeit. ERAP wurde auch als das weiße Pendant zu den Aktivitäten von SNCC gesehen, jenen schwarzen Studierenden, die unermüdlich die Politisierung und Organisierung der Schwarzen in den Ghettos vorantrieben. Da SNCC immer deutlicher eine separate Organisierung der Schwarzen anstrebte, wollten die SDS ergänzend dazu die weiße Unterschicht organisieren.

Die ERAP-Orientierung führte zur ersten ernsthaften Auseinandersetzung in den SDS, da die Grundannahmen und strategischen Erwartungen von einigen Mitgliedern, unter anderem dem vehement opponierenden Robert Haber, nicht geteilt wurden. Der moralische Impetus und die mangelnden praktischen Alternativen an den noch nicht in Bewegung geratenen Universitäten ließen die ERAP-Orientierung innerhalb des Verbandes jedoch hegemonial werden. Im Geist der emphatischen Einigkeit, die zum Gründungsgerüst der frühen SDS gehörte, wurden allerdings auch andere Projekte ins Leben gerufen, die auch den ERAP-GegnerInnen Raum für Aktivitäten ließen: zum einen das Peace Research and Action Program (PREP), das vor allem akademische Recherche über die Interessen hinter der US-Außenpolitik betrieb und bald wichtige Hintergründe für die Anti-Vietnam-Orientierung der SDS liefern sollte, zum anderen das Political Education Project (PEP), in dem sich die wenigen SDS-Mitglieder versammelten, die unter dem Slogan »Half the Way With LBJ« in den Präsidentschaftswahlkampf 1964 eingreifen wollten, um den demokratischen Kandidaten Johnson gegen den erzkonservativen Republikaner Goldwater zu unterstützen. Da die ERAP-Orientierung die dauerhafte Arbeit in den Ghettos der Großstädte vorsah, im Idealfall im Sinne einer biografischen Entscheidung für die politische Arbeit, spaltete der Verband sich zudem in einen engen Kreis der Vollzeit-ERAP-AktivistInnen und den Rest der Mitgliedschaft, deren politische Arbeit sich nach wie vor auf den Campus der Universität beschränkte. Lediglich in den Semesterferien wurden die ERAP-Projekte von einem größeren Kontingent Studierender unterstützt.

Ihren Höhepunkt fand die ERAP-Arbeit zwischen Ende 1963 und 1966, vereinzelt blieben lokale Projekte bis 1967 bestehen. Insgesamt arbeiteten zur gleichen Zeit bis zu 150 SDS-Mitglieder, unter ihnen der größte Teil der Gründungsgeneration, in etwa einem Dutzend lokalen Projekten. Eine Initiierung von Protest um die Interessen der Armen, blieb aber aus. Meist scheiterten die Projekte ohne nennenswerten Erfolg. Nur in wenigen Fällen konnte eine Interessenvertretung unter Beteiligung lokaler AnwohnerInnen erzielt werden, die man wohl mit erfolgreicher, politisch informierter Sozialarbeit oder einer Bürgerinitiative vergleichen kann. Die Tatsache, dass die Projekte die selbst gesteckten Ziele nicht erreichten, führte dazu, dass bis Anfang 1966 die meisten lokalen Gruppen eingeschlafen waren oder auf kleiner Flamme bei zunehmender Ratlosigkeit weiterarbeiteten.

Der wichtigste Grund für das Scheitern war, dass die ökonomische Analyse, auf der ERAP fußte, nicht zutraf. Statt einer Wirtschaftskrise folgte ein Aufschwung mit annähernder Vollbeschäftigung. Arbeitslosigkeit, das Thema, auf das die SDS zentral gesetzt hatten, fiel damit als Aufhänger einer Bewegung aus. Jene Missstände, bei denen sich die Gemüter der lokalen Anwohner erregten, wie z.b. Mieterhöhungen, waren häufig kaum der Aufhänger für eine landesweite Protestbewegung, sondern lediglich Anlass für eine gezielte Intervention bei den lokalen Institutionen, bei der SDS-Mitglieder sicherlich eine wichtige unterstützende Rolle einnahmen. Dies hatte aber nichts mehr mit der ursprünglichen Erwartung zu tun, dass die städtischen Armen die politischen Verhältnisse umkrempeln würden.

Aus der Retrospektive ist dies leicht festzustellen. Mitte der Sechziger Jahre war die gefühlte Krise jedoch akut – auch die 1964 angetretene Johnson-Regierung hatte sich einen »Krieg gegen die Armut« auf die Fahnen geschrieben. Der Instinkt der SDS-ProtagonistInnen auf eine politische Bewegung der Deklassierten bestätigte sich in der zweiten Hälfte der Sechziger Jahre außerdem doch noch. Die Abkopplung einer Unterschicht von den Früchten des Reichtums und die anhaltende rassistische Diskriminierung führte zwischen 1964 und 1968 zu schweren Unruhen in den schwarzen Ghettos fast aller amerikanischen Großstädte. Die SDS, deren Reichweite in den Großstädten beschränkt war und die sich zudem gemäß einer Arbeitsteilung mit SNCC auf die weiße Bevölkerung konzentriert hatten, spielten in diesen Kämpfen jedoch keine Rolle. Die Aufstände standen kaum in Zusammenhang mit den Aktivitäten der Linken und ließen sich zudem schwerlich in politische Bahnen lenken, zumindest nicht in der Form, die der Strategie eines Interracial Movement of the Poor zu Grunde lag.

Schließlich machten die weißen Aktivisten mit ERAP noch eine wichtige Erfahrung: Die Unterschicht war keineswegs immer verbittert und wütend, schon gar nicht in stiller Hoffnung auf eine epische soziale Auseinandersetzung um die Veränderung der Gesellschaft. Explizit wollten die SDS deklassierte, nicht organisierte Arbeiter erreichen. Doch diese, auch aufgrund mittelständischer Schuldgefühle und moralischer Erwägungen gewählte Zielgruppe, war häufig passiv, unpolitisch, in private Probleme verstrickt und oftmals voller Hoffnung auf einen

Messias aus der Elite. Selbstbewusstsein hinsichtlich der eigenen Kampfkraft war bei den städtischen Armen gerade aufgrund ihrer sozialen Diskriminierung kaum vorhanden. Wie auch in vielen anderen Situationen in der Geschichte erwies sich die Unterschicht nicht als die fortschrittlichste Kraft und nicht als Motor der sozialen Veränderung.[10] Obwohl die ERAP-Orientierung die Arbeit an den Universitäten bisweilen auf die Rolle der Personalbeschaffung für die Arbeit in den Großstädten reduzierte, erfreuten sich die SDS eines kontinuierlichen Zustroms von Mitgliedern. Ende 1964 hatte der Verband schon 1.365 zahlende Mitglieder in insgesamt 41 assoziierten Hochschulgruppen – immerhin eine Verdopplung der Mitgliedschaft im Vergleich zum Vorjahr. Obwohl die ERAP-Projekte aufgrund ihres Bruches mit den bewährten Bahnen der Politik, ihrer existentialistischen Radikalität und moralischen Authentizität zum wachsenden Prestige der SDS beitrugen, wurden die Neumitglieder fast ausschließlich an den Universitäten gewonnen. Dem lag zum einen eine konzentrierte Organisationsarbeit seitens des zentralen Büros der SDS in dieser Zeit zu Grunde; vor allem jedoch wurde daran die wachsende Politisierung eines immer größeren Teils der Studierendenschaft sichtbar. Sie sollte sich bald vehement auf dem Campus der Universitäten bemerkbar machen. Dies erklärt den unwahrscheinlichen Fall des Wachstums der Organisation, trotz der faktischen Abwesenheit von fast der gesamten Führungsgeneration, die sich der tagtäglichen Arbeit in den Ghettos der Großstädte widmete, statt Aktivitäten an den Universitäten umzusetzen und die Neumitglieder in die Arbeit des Verbandes zu integrieren.

II. 1965-1968: Die SDS im Zentrum der studentischen Massenbewegungen

Berkeley: Der erste Aufstand in der Lernfabrik

»Es gibt einen Moment, an dem dem das Funktionieren der Maschine so verabscheuenswert wird, einen innerlich so krank macht, dass du nicht mehr mitmachen, dich nicht einmal mehr still daran beteiligen kannst und du deinen Körper auf die Schalter und Zahnräder dieser Maschine werfen musst;. am besten auf den ganzen Apparat, damit er endlich anhält. Und du musst den Leuten, die die Maschine betreiben, die sie besitzen, klar machen, dass die Maschine gar nicht mehr funktionieren wird, solange du nicht frei bist!«[11]

Diese Worte, in einer wütenden, mitreißenden Rede vorgetragen, stammen von Mario Savio, einem spontanen Führer des Free Speech Movements an der Universität von Berkeley. Er war wie viele andere Studierende im so genannten Freedom Summer 1964 im amerikanischen Süden aktiv gewesen, hatte dort die Bürgerrechtsbewegung unterstützt und schwarze Kinder an einer Freedom School in McComb, Mississippi, unterrichtet. Als er zurück in Berkeley war, half er dabei, Spenden für SNCC zu sammeln und die Anliegen der Bürgerrechtsbewegung auf Infoständen zu bewerben. Dies wurde von der Universitätsleitung verboten. Die Empörung darüber war unter den Studierenden so groß, dass sich spontan und zum ersten Mal in der Geschichte der Universitäten massenhafter Protest bildete. Ein Polizeiauto, in dem ein Aktivist abtransportiert werden sollte, der illegal politische Agitation betrieben hatte, wurde für 32 Stunden von Studierenden umzingelt und als Tribüne für spontane politische Beiträge zweckentfremdet. Von den 4.000 TeilnehmerInnen an dem Protest, die zwar zivilen Ungehorsam in Form von Sit-ins leisteten, sich aber im Vergleich zu späteren Protesten bemerkenswert zahm verhielten, wurden schließlich 800 verhaftet, was umso mehr zu Verbitterung und Desillusionierung über die eigentlich als liberal geltende Uni-Leitung und zu einer Verbreiterung und Vertiefung der Protesthaltung führte.[12]

Das plötzliche Ausbrechen des Protestes kam für die Öffentlichkeit, die Protestierenden und nicht zuletzt die SDS völlig überraschend, schließlich hatte es Proteste dieser Art bis dahin nicht gegeben, und die bisherigen Erfahrungen hatten eher den Eindruck genährt, dass die Mehrheit politisch relativ gleichgültig sei. Das Verbot von Infoständen auf dem Campus war jedoch der klassische Fall, wo ein scheinbar unbedeutendes Ereignis das Fass zum Überlaufen bringt. Im

Protest kam ein angestauter Unmut zum Ausdruck, der tiefer liegende Ursachen hatte.

Zum einen brachte Savio die neue Subjektivität von Studierenden und die Entfremdung vom Zweck ihrer Tätigkeit zum Ausdruck. Er spricht in seiner Rede davon, dass die Studierenden schiere Rohstoffe in einer Lernfabrik seien und rebelliert dagegen: »Aber wir sind Rohstoffe, deren Zweck nicht ist, zu irgendeinem Produkt gemacht oder von irgendeinem Kunden der Universität gekauft zu werden, sei es die Regierung, die Industrie, die Gewerkschaften oder sonst wer! Wir sind Menschen!« Auch heute noch ist der Widerspruch zwischen einem Ideal freier Bildung und der faktischen Abhängigkeit von Bildungsinhalten und Studienablauf von den Interessen in Industrie und Staat ein zentraler Konflikt bei vielen studentischen Protesten. Diese Erfahrung der universitären Bildung als fremdbestimmter Ausbildung in Universitäten, deren Funktionsweise mit der einer Fabrik verglichen werden kann, ist neu und prägend für die studentische Generation der Sechziger Jahre, denn in dieser Zeit wurden die Universitäten erstmals zu Massenuniversitäten und die Studierenden – ihre Zahl verdoppelte sich während der Sechziger Jahre von knapp vier auf rund acht Millionen[13] – erstmals zu einer relevanten sozialen Schicht, die eine eigene soziale Identität und eigene soziale und politische Interessen entwickeln sollte. Es ist nicht unbedingt zufällig, dass die Proteste zum ersten Mal in Berkeley ausbrachen, denn gerade die dortige Universität, die so genannte Multiversity, war ein Prototyp für die neue funktionale, technokratische Form akademischer Institutionen.

Die Tatsache, dass die Uni-Leitung politische Aktivität autoritär unterbunden hatte, unterstrich umso mehr, dass die Funktionsweise der Universitäten fremdbestimmt war und machte die Demokratie zum zentralen Thema. Auch dies steht in einem breiteren Kontext. Schließlich hatten alle Teilnehmer des Protests die gewaltsamen Auseinandersetzung in den südlichen Bundesstaaten mitverfolgt, die nur deswegen existierten, weil Menschen mit einer anderen Hautfarbe demokratische Rechte einforderten. Die Grundauffassung des Port Huron Statements, dass die Bürokratien in den Institutionen sich verselbständigt hätten und kaum demokratische Mitsprache erlaubten, deckte sich mit dem Unmut weiter Teile der Studierendenschaft. Die Erfahrung von Unfreiheit im vermeintlich freien Teil der Welt warf um so mehr grundsätzliche Fragen über die Verfassung der Gesellschaft auf und kreierte das Gefühl, dass es an der Zeit sei, sich in den Weg zu stellen, Protest auszuüben.

Letztendlich waren die Themen und die Beweggründe des Protests in Berkeley der Inbegriff dessen, wofür SDS stand. Das galt nicht nur für die Inhalte, sondern auch für die Praxis des Protests: Eine große Zahl von zuvor passiven und tendenziell unpolitischen Studierenden wurde in den Protest hineingezogen, beteiligte sich an Diskussionen und Aktionen und machte erstmals die befreiende Erfahrung des gemeinsamen Protests, der sozialen Macht des Kollektivs und der Solidarität untereinander. Erfahrungen, die den Horizont für neue Ideen und Visionen öffneten. Ein Bruch mit der Alltagserfahrung autoritär verformter universitärer Bildung, der einen viel inspirierenderen und reicheren Lerneffekt nach sich zog als ihn der Uni-Alltag jemals bieten konnte. Kurz: Die Protestierenden in Berkeley machten hautnah die Erfahrung von Participatory Democracy, genau wie Hunderttausende Studierende in ähnlichen Momenten des Aufbegehrens nach ihnen.[14]

Die Tatsache, dass die Inhalte der SDS implizit in den Protesten präsent waren, obwohl sie zu dieser Zeit über keine Gruppe in Berkeley verfügten, macht die Formierung des Verbandes als einen ersten Ausdruck einer tieferen sozialen Dynamik erkennbar, welche den studentischen Massenbewegungen der Sechziger Jahre zugrunde liegt. SDS waren schlicht die ersten, welche das Unbehagen der studentischen Generation formulierten, in Abgrenzung zur alten Linken in eine neue Form brachten und eine Strategie für Veränderung entwickelten. Darum erkannten sie im Protest in Berkeley auch ihr ureigenes Anliegen und konnten schnell darauf reagieren. Sie luden führende Aktivisten von Berkeley auf eine Rundreise ein, auf der die Ereignisse diskutiert und verallgemeinert wurden, und sie propagierten gemäß dem Credo, dass die SDS punktuelle Proteste stets in das größere Bild einordnen wollten, dass der inneruniversitäre Widerstand mit der Perspektive gesamtgesellschaftlicher Veränderung verbunden werden müsse.»Eine freie Universität in einer freien Gesellschaft« – die Aufschrift dieser fix produzierten Buttons brachte die Linie des Verbandes zum Ausdruck. Die schnelle und politisch fundierte Reaktion der SDS brachte ihnen breite Aufmerksamkeit, neue Mitglieder. Und es deutete sich, zu einem Zeitpunkt, an dem sich ERAP schon in einer Orientierungskrise befand, eine erneute Umorientierung des Verbandes an. Wenig später, im Frühjahr 1965, führte ein zweiter Paukenschlag dazu, dass der Verband und die Universitäten radikal umgekrempelt wurden; diesmal standen die SDS tatsächlich mitten im Zentrum der Ereignisse.

Die SDS an der Spitze der Bewegung gegen den Vietnamkrieg

Als die SDS Ende 1964 beschlossen, eine landesweite Demonstration in Washington gegen den Vietnam-Krieg zu organisieren, wurde dieses Thema in der Organisation noch kaum beachtet. Zwar rückte die Präsenz der US-Armee in Vietnam allmählich ins Licht der Öffentlichkeit, doch war sie 1964 noch eine unter vielen Auslandseinsätzen des Militärs, und es schien unwahrscheinlich, dass der beginnende Krieg ausreichend Aufmerksamkeit oder gar massenhaften Protest hervorrufen würde. Aus genau diesem Grund sagte Jean Paul Sartre, der als Redner für die Kundgebung der geplanten Demonstration am 17. April 1965 angefragt worden war, seine Teilnahme ab.[15]

Die folgenreiche Eskalation des Krieges durch die frisch gewählte Johnson-Regierung sollte den Beschluss zur Organisation der Demonstration zu einer historischen Entscheidung für den Verband machen. Im Februar begann die US-Armee mit der Bombardierung Nordvietnams. Die Truppenstärke wurde um das Achtfache aufgestockt. Vietnam stand plötzlich im Zentrum der politisierten Studierendenschaft, die an zahlreichen Universitäten des Landes gegen die Eskalation protestierte. Die geplante Demonstration, die mit moderaten Erwartungen auf vielleicht ein- bis zweitausend TeilnehmerInnen beschlossen worden war, wurde zum zentralen Fokus der KriegsgegnerInnen innerhalb und außerhalb der Universitäten. Die SDS reagierten schnell, stellten eine Reihe von Vollzeitangestellten ein und eröffneten ein eigenes Büro in Washington, wo mit Hochdruck an der Vorbereitung und Mobilisierung der Proteste gearbeitet wurde. Ein Instrument, das besonders zur Politisierung und Mobilisierung der Studierenden beitrug, waren die Teach-ins, die in diesen Wochen an über 100 Hochschulen nicht nur von AktivistInnen der SDS organisiert wurden. Auf ihnen sprachen BefürworterInnen und GegnerInnen des Krieges; ein Kräftemessen, das die linken Kritiker allem Anschein nach so gut wie immer für sich entschieden. Es gab außerdem Workshops und kulturelle Events, der Lehralltag wurde unterbrochen und die Universitäten wurden zu einem Ort der herrschaftsfreien, offenen Diskussion. Insgesamt 35.000 TeilnehmerInnen lauschten den Diskussionen bei einem 36-stündigen Teach-in an der Universität von Berkeley – ein eindrucksvoller Beleg dafür, wie stark der Krieg mit einem Mal die Gemüter bewegte.

Die Demonstration selbst übertraf alle Erwartungen bei Weitem. Etwa 20.000 DemonstrantInnen versammelten sich im Washingtoner Regierungsviertel – es war die bis dahin größte Friedensdemonstration der amerikanischen Geschichte. Die DemonstrantInnen marschierten auf das Kapitol, während auf Initiative der dortigen SDS-Gruppe 400 Studierende die Villa von Präsident Johnson in Texas belagerten, der es vorzog, sich weitab von der Hauptstadt aufzuhalten. SDS-Präsident Paul Potter brachte in seiner Rede die Wut über den Krieg, aber auch die tiefe Desillusionierung über die amerikanische Gesellschaft zum Ausdruck und skizzierte den Weg einer Veränderung des Systems:

»Der ungeheure Krieg in Vietnam ist das Rasiermesser, die schreckliche, scharfe Klinge, die endlich das letzte Überbleibsel der Illusion herausgeschnitten hat, dass Moral und Demokratie die Leitbilder der amerikanischen Außenpolitik seien. […] Das ist eine schreckliche und herbe Erkenntnis für Menschen, die wie wir aufwuchsen – und unser Ekelempfinden angesichts dieser Erkenntnis, unsere Weigerung, sie als unvermeidlich oder notwendig zu akzeptieren, ist einer der Gründe dafür, dass heute so viele Menschen hierher gekommen sind. […] Was ist das für ein System, das gute Menschen dazu bringt, solche Entscheidungen zu treffen? Was ist das für ein System, das rechtfertigt, dass die Vereinigten Staaten […] das Schicksal des vietnamesischen Volkes an sich reißen […]? Was ist das für ein System, das die Menschen im Süden entrechtet, das Millionen und Abermillionen Menschen im ganzen Land verarmen lässt und sie aus der Mitte der Gesellschaft und dem Versprechen Amerikas ausschließt? Was ist das für ein System, das gesichtslose und schreckliche Bürokratien kreiert und diese zu den Orten macht, an denen Menschen ihr Leben und ihre Arbeit verbringen, das materielle Werte vor menschliche Werte setzt – und dennoch darauf besteht, sich selbst frei zu nennen, darauf besteht, Weltpolizei sein zu dürfen?

Wir müssen das System benennen. Wir müssen es benennen, beschreiben, analysieren, es verstehen und verändern. Wie beendet man denn einen Krieg? Geht man in Washington demonstrieren? Reicht das? Wer wird uns hören? Wie kann man die Entscheidungsträger zwingen uns zu hören, wenn sie, abgeschottet wie sie sind, nicht einmal die Schreie eines kleinen Mädchens hören können, das von Napalm verbrannt wird?

[Wir müssen] eine Bewegung aufbauen, die nicht nur in Washington existiert, sondern in der gesamten Gesellschaft und die jene Probleme angeht, die die Menschen im ganzen Land spüren. Das bedeutet, dass wir eine Bewegung aufbauen müssen, die Vietnam und den ganzen Horror dieses Krieges als ein Symptom eines grundsätzlicheren Übels versteht. [Eine Bewegung,] welche den Krieg mit massivem zivilen Ungehorsam im ganzen Land [beantwortet] und die das Land dazu zwingen wird, sich mit der Frage des Krieges auseinanderzusetzten; eine Bewegung, die notwendigerweise alle Menschen in Vietnam oder sonst wo umfassen muss, die darum kämpfen, Gerechtigkeit und Kontrolle über ihr Leben zu erhalten.

All unser Leben, unser Schicksal, unsere eigensten Hoffnungen hängen von unserer Fähigkeit ab, das System zu überwinden, sie leben und sterben damit.«[16] Obwohl er dazu aufrief, »das System zu benennen«, vermied Paul Potter aus gutem Grund den Begriff »Kapitalismus«, da er ihn als ein »hohles, totes Wort, das mit den Dreißiger Jahren verbunden sei«, empfand.[17] Dennoch ist die Rede faktisch eine antikapitalistische Attacke auf die Grundpfeiler der amerikanischen Gesellschaftsordnung – und ein Aufruf, es durch eine Massenbewegung zu überwinden. Damit ist sie auch ein deutlicher Ausdruck dafür, dass die SDS sich in wenigen Jahren deutlich von der zunächst kritisch-liberalen Position der Anfangsjahre entfernt hatten.

Die Demonstration hatte unmittelbar vor allem den Effekt, dass die SDS scharfen Angriffen in den Massenmedien ausgesetzt waren, die sie des Landesverrats beschuldigten und sie tendenziell als radikale, kommunistisch beeinflusste Spinner darstellten. Die Organisation wurde über Nacht landesweit bekannt und für all diejenigen, die sich am Protest beteiligt hatten oder aber nur über Teach-ins, lokale Aktionen und Diskussionen KriegsgegnerInnen geworden waren, zum aufregendsten politischen Akteur überhaupt. Unmittelbar nach der Demonstration traten etwa 500 Personen den SDS bei und in den folgenden Wochen machten viele weitere Menschen diesen Schritt. Die Anzahl der aktiven Gruppen erhöhte sich auf 80.

Prärie Power – ein frischer Wind zerbläst den Verband

»Die alten Leute sind einfach nicht mehr da – überall gibt es nur noch diese komischen Kids.«[18]; die Beschwerde von Steve Max, eines der Protagonisten der Gründergeneration der SDS, lässt erahnen, wie sehr die Organisation von dem Ansturm der Neumitglieder durcheinandergewirbelt wurde.

Für die Universitäten hatte ein neues Zeitalter begonnen. Protest, und zwar in weit größerer und zunehmend radikalerer Form als jemals zuvor, prägte ab 1965 den Alltag. Inhalte, Funktion und Gestalt der Universitäten wurden immer öfter hinterfragt und angegriffen. Innerhalb und außerhalb der Hochschulen wuchs der Protest gegen den Krieg.

Die SDS waren zu der politischen Organisation an den Universitäten aufgestiegen. Sie waren aufgrund der Berichterstattung der Massenmedien und ihrer zahlreichen lokalen und landesweiten Aktivitäten rund um das Free Speech Movement und den Vietnam-Krieg all jenen Studierenden bekannt geworden, die nach politischen Antworten suchten. Der sprunghafte Anstieg der Mitgliedschaft verhalf ihnen zu einer ungeahnten Stärke. Die Integration der Neumitglieder stellte aber gleichzeitig eine enorme Herausforderung für den noch jungen Verband dar – eine Aufgabe, die ihn erst in eine Krise und dann auf völlig neue Bahnen befördern sollte.

Zunächst einmal änderte sich die politische Zusammensetzung der SDS deutlich. Eine Mitarbeiterin im nationalen SDS-Büro – Helen Garvy, die Regisseurin des Films Rebels with a Cause – erklärte, dass sie an den Tagen nach der Demonstration stundenlang am Telefon gesessen und versucht hätte, all den Leuten, die wegen der Demonstration beigetreten waren, zu erklären, dass SDS mehr als nur eine Demonstration seien.[19] Die SDS hatten sich immer bemüht, nicht als eine Ein-Punkt-Bewegung missverstanden zu werden. Sie lehnten es aus diesem Grund sogar ab, nach der erfolgreichen Demonstration im April weiterhin führend in der Anti-Kriegs-Bewegung tätig zu sein. Doch selbst das konnte nicht verhindern, dass viele der neu Politisierten gar nicht wahrnahmen, dass die Zielsetzungen der SDS über die unmittelbaren Forderungen der breiteren Protestbewegung hinausgingen. Die Berichterstattung der Massenmedien, fokussiert auf die Haltung der SDS zum Krieg und in weitgehender Ignoranz ihrer langfristigen Ziele, trug wesentlich dazu bei, diesen Eindruck zu verstärken.

Für viele Neumitglieder war der Beitritt bei den SDS andererseits sehr wohl Ausdruck ihrer neu entdeckten Radikalität; der diffusen Erkenntnis, dass Krieg, Rassismus, Demokratiedefizit und andere Übel irgendwie zusammenhingen, und dass es darum ginge »ein System« abzuschaffen. Sie unternahmen diesen Schritt jedoch, ohne über große politische Erfahrung zu verfügen oder Ahnung von politischen Theorien und Strategien zu haben.

Bemerkenswert ist, dass auch der soziale Hintergrund der Neumitglieder oftmals ein anderer war, als jener der SDS-Gründergeneration. Letztere waren in vielerlei Hinsicht eine Elite der Studierenden gewesen. Sie kamen meist aus wohlhabenden Elternhäusern und studierten an den renommiertesten Universitäten des Landes.[20] Ihre Herangehensweise an Politik wie auch der theoretische Gehalt und Stil ihrer Diskussionen waren davon geprägt. Trotz des Geredes über Participatory Democracy und der postulierten Offenheit des Verbandes, waren sie de facto ein erlesener Kreis, der in seiner Bekehrung und Ernsthaftigkeit zu aktivieren und zu bekehren, den Jesuiten oder den Bolschewiki nicht unähnlich waren – wie es Tom Hayden in der Retrospektive formulierte.[21] Die Mehrzahl der Neumitglieder kam nun nicht aus linksliberalen, wohlhabenden Elternhäusern, studierte nicht an renommierten Universitäten mit progressiven Traditionen und kam oft aus Orten, an denen sie mit ihren linken politischen Einstellungen aneckten, z.B aus dem Mittleren Westen oder dem Süden der USA. »Die Bewegung« war 1965 schon weit mehr als der traditionelle Kreis linker AktivistInnen. Sie hatte eine massive soziale Ausweitung erfahren, und entsprechend wurden auch bei den SDS Menschen aktiv, die noch kurz zuvor weit davon entfernt waren, sich einer politischen Bewegung anzuschließen.

Die Kluft zwischen den Generationen war markant und führte bald zu Konflikten. In Anspielung an ihre Herkunft aus dem Mittleren Westen und an die Black Power-Bewegung bezeichneten sich die Neumitglieder selbst als Prärie Power. Sie waren auf den ersten Blick von den älteren SDS-Mitgliedern zu unterscheiden: »Unabhängig davon, ob sie tatsächlich von einer Prärie kamen oder nicht – diese Prärie Power Leute hatten längere Haare einen lockereren Stil und verhielten sich weniger wohl erzogen und höflich als die Generation der alten Garde. [...] In ihrem Stil waren sie Proto-Hippies [...]. In der Provinz bekamen rebellische Gesten, die im Norden oder im Osten des Landes kaum bemerkt worden wären, eine provozierende Bedeutung. Sie stießen auf feindliche Reaktionen von Eltern, Autorität und Kommilitonen und entwickelten sich gerade deshalb meist zu einer distinguierten oppositionellen Subkultur.«[22]

Oder einfacher formuliert: Kiffen statt Askese; Aktion statt Strategiediskussion; Rock'n'Roll statt klassischer politischer Theorie – mit Prärie Power hielt die Subkultur der Sixties Einzug in die Organisation, und politische Einstellungen wurde immer mehr eins mit persönlicher Rebellion und Lebensstil. Politik und Kultur gingen eine mächtige Symbiose ein. Sex, Drugs & Rock'n'Roll wurden Ausdrucksform der Revolte, welche in dieser Form die gesamte Jugend des Landes mehr oder weniger intensiv erfasste.

Politischer Streit und Krisen waren in der Geschichte von Bewegungsorganisationen immer präsent. Schließlich verdichten sich in ihnen bestimmte Einflüsse aus der Gesellschaft, die oftmals im Widerspruch zueinander stehen – soziale Gruppen bestimmter Herkunft und Prägung, verschiedenartige Erfahrungen der Akteure, unterschiedliche theoretische Traditionen. Insbesondere wenn die Gesellschaft in Bewegung gerät, Proteste und eine neue historische Dynamik entstehen, findet innerhalb der Organisationen ein Widerstreit zwischen Alt und Neu statt. Wie kann die neue Situation mit den alten Konzepten und Praktiken gedeutet werden? Welche Traditionen sind überholt, welche Erklärungen passen zu den neuartigen Erfahrungen? Das Potenzial von Bewegungsorganisationen besteht darin, auf die neue Situation zu reagieren und eine Praxis zu entwerfen, die flexibel genug ist, um den Anforderungen der aktuellen Zeit gerecht zu werden, während sie sich gleichzeitig auf Erfahrungen und Theorien stützt, die jenseits des unmittelbaren Erfahrungshorizonts liegen, nämlich in Theorie- und Strategiebildung vergangener Zeiten, die produktiv auf die aktuellen Herausforderungen angewandt werden. Insofern können Krisen einen Lerneffekt in Gang setzen und eine produktive Wirkung haben. Die Krise der SDS, die eine Folge ihres kometenhaften Aufstiegs war, bildet dabei keine Ausnahme.

Allerdings stellte es sich hier als besonders schwierig dar, zwischen der alten und der neuen Generation zu vermitteln. Der Grund dafür bestand nicht nur in den Unterschiedlichkeit der Neumitglieder hinsichtlich sozialer Herkunft und politischer Erfahrung, sondern hängt mit der Dynamik der Bewegung selbst zusammen: »[...] überschwängliche Erwartungen von Aufbruch und Utopie [...], persönliche und kollektive Veränderungen, Gefühle von Euphorie, Stärke, Solidarität und gegenseitiger Rücksichtnahme, massive Improvisation von unten, Dezentralisierung und Spontaneität, ungeplante und chaotische Massenversammlungen, auf denen alles diskutiert wurde, Partizipation und Gemeinschaftlichkeit: all das war teil einer nicht-traditionellen und nicht-strategischen Politik, einer Politik, die prozesshaft, auf die Mittel des Protests orientiert, persönlich und moralisch war.«[23]

Tausende von AktivistInnen machten ab 1965 solche Erfahrungen. Ihre politischer Aktivität, und die Beziehungen, die sie währenddessen miteinander eingingen, standen im Widerspruch zu ihren Alltagserfahrungen und veränderten sie selbst. Diese Erfahrungen, typisch für die Aufbruchsphase in Massenbewegungen, in denen unmittelbarer Protest alles zählt und die Bewegung sich automatisch auszubreiten scheint, trugen dazu bei, dass viele der Neumitglieder faktisch den Sinn der SDS als Organisation in Frage stellten. Prärie Power wurde mehr und mehr zu einem Schlachtruf gegen den Stil und die Tradition der alten Garde. Dies machte sich vor allem in einem anti-hierarchischen Impuls bemerkbar, der alles ablehnte, was mit formaler Organisation, überregionalen Strukturen und zentraler Koordination zusammenhing, sowie in einer allgemeinen Strategiefeindlichkeit, die Entscheidungen über die allgemeine Orientierung des Verbandes zugunsten unmittelbaren Protestes, z.B. zivilem Ungehorsam, der wie im Bild aus Mario Savios Rede »die Maschine zum stoppen« brächte.[24]

Hinzu kam, dass die Mehrheit der Führungsgeneration der alten SDS 1965 ein zersplittertes Dasein in den ERAP-Projekten fristete, die zudem zu diesem Zeitpunkt schon in einer ernsthaften strategischen Krise steckten. Politische Führer wie Tom Hayden oder Steve Max hatten wenig Bezug zu den jungen Neumitgliedern. Mit der ERAP-Orientierung hatten sie sich von den Universitäten entfernt und die SDS zeitweise primär als Kaderschmiede für die Ghetto-Arbeit gesehen. Nun konnten oder wollten sie kaum Orientierung für den Aufbruch an den Hochschulen geben. Eine bewusste Integration der Neumitglieder in die Arbeit und die Traditionen der Organisation gab es so gut wie nicht. Ein radikaler Unterschied zu früheren Zeiten: »Prärie Power verhärtete sich auch deswegen, weil die alte Garde die neuen Mitglieder nicht integrierte. Seit 1960 [...] hatte die alte Garde sich langsam vergrößert, indem sie neue Mitglieder Schritt für Schritt kooptierte. Sie führte sie einen nach dem anderen in den von persönlicher Nähe und einem bestimmten politischen Stil geprägten Kreis ein, der damals die SDS-Ideologie verkörpert hatte. Aber jetzt war die alte Garde in die ERAP-Projekte zerstreut, auf Campus und urbane Ghettos verteilt, unsicher – und von neuen Mitgliedern überflutet. Es gab zu viele davon, um einen leichten Übergang zu ermöglichen, und sie waren zu verstreut um in Freundeskreise assimiliert zu werden.«[25]

Eine Auseinandersetzung und ein Bruch mit der alten Generation waren die Folge. Zunächst konnten die SDS sich gar nicht mehr auf einen gemeinsamen Kurs einigen, zu chaotisch war die Debatte und zu unterschiedlich die verschiedenen Tendenzen, Meinungen und Befindlichkeiten in der Organisation. Die Folge dieser turbulenten Veränderungen war, dass das nationale Büro der SDS praktisch handlungsunfähig war und im Chaos versank. Außerdem hatten die SDS keine offiziellen Positionen zum Krieg, zu der Reform der Universitäten und zu allen anderen wichtigen Fragen der Bewegung. »Die allgemein geteilten Ansichten, die in der Organisation nur ein Jahr zuvor präsent waren, galten nicht mehr, aber es wurde wenig getan, um eine neue Ideologie zu entwickeln. [...] Die SDS kämpften immer noch mit dem beständigen Problem, wohin man sich orientieren sollte.«[26]

Die SDS waren daher in dieser Phase ihrer Geschichte kaum dazu in der Lage im Größeren auf die Entwicklung der Protestbewegungen Einfluss zu nehmen. Sie zogen sich aus den Bündnisstrukturen der nationalen Anti-Kriegs-Bewegung zurück und versäumten es auch, in koordinierter Weise eine nationale Hochschulbewegung ins Leben zu rufen. Statt diese Bewegungen zu prägen und im Sinne einer Multi-Issue-Politik weiterzuentwickeln, wurden sie viel mehr von ihnen geprägt.

Dieser temporäre Verlust der politischen Orientierung, der so manchen Aktivisten der ersten Stunde in die Verzweiflung trieb und dazu führte, dass die SDS einige Chancen darauf verpassten, die Bewegungen in einer progressiven, kapitalismuskritischen Art und Weise zu prägen, sollte aber nicht als ein Rückschritt oder gar ein Entgleisen der SDS missverstanden werden. Der Verband war stark angewachsen und war von der radikalen Stimmung der neu politisierten Protestgeneration infiziert, die in den folgenden Jahren einen politischen Lernprozess durchmachen sollte, der die meisten von ihnen über die intuitive, anti-theoretische Protesthaltung hinaus führte. Die neue Energie und der Radikalismus der Neumitglieder waren Voraussetzung für die wichtige Rolle der Organisation in der Folgezeit. Und selbst wenn Strategie und Organisationsstruktur danieder lagen, gehörten SDS-Mitglieder an allen Hochschulen – und dort lag nun wieder der Schwerpunkt der SDS-Aktivitäten – zum radikalen und aktivsten Kern der AktivistInnen, die landauf, landab Proteste vom Zaun brachen.

Protest und Widerstand: Die Dynamik des Protests ab 1965

Die Entscheidung der Johnson-Regierung, den Krieg in Vietnam zu eskalieren, führte zu einer kontinuierlichen Ausweitung der Proteste in den Jahren 1965 – 1970. Die US-Armee bombardierte ganze Landstriche in Vietnam mit der Brandwaffe Napalm oder dem hochgiftigen Entlaubungsmittel Agent Orange und schickte immer mehr Truppen ins Land. Weite Teile der Bevölkerung reagierte mit Abscheu auf die Brutalität der amerikanischen Kriegsführung – und auf die Tatsache, dass der Krieg von einer Regierung der Demokratischen Partei geführt wurde, welche die Bevölkerung über die Motive und die weitere Entwicklung des Krieges belog. Vietnam stand im Zentrum einer Dynamik von Entfremdung und Radikalisierung in diesen Jahren. Doch auch auf anderen Ebenen standen die Zeichen auf Protest. In einer Reihe von amerikanischen Großstädten revoltierten die AfroamerikanerInnen gegen rassistische Unterdrückung und ihre schlechten Lebensbedingungen. Meistens war die Gewalt der Polizei der Anlass, der das Fass zum Überlaufen brachte. Die Ghettos in Harlem, Newark, Chicago und vielen anderen Orten explodierten darauf in zum Teil mehrtägigen gewaltsamen Schlachten mit der Polizei, die ein klares Zeichen dafür wurden, dass die Zeit des Bittens und Bettelns für die Bürgerrechtsbewegung vorbei sei. Das Student Nonviolent Coordinating Committee, die Organisation, welche den SDS der früheren Generation ein so leuchtendes Vorbild war, dass diese lange als das weiße Pendant zu SNCC gehandelt wurden, bekannte sich ab 1966 zu Black Power – Stolz auf die eigene schwarze Identität und Strategie separater Organisierung im Interesse politischer Eigenständigkeit der Unterdrückten. SNCC brach 1967 schließlich sogar mit dem Prinzip der Gewaltlosigkeit, das in den Anfangsjahren so sehr zum Teil ihrer Identität gehört hatte, dass es sogar im Namen der Organisation verankert war.

An den Universitäten äußerte sich die massenhafte Politisierung in den verschiedensten Formen. Zu zahlreichen Anliegen der Studierenden – nicht nur gegen den Krieg – gab es Sit-ins, Demonstrationen und Protestkundgebungen; es entstand eine lebhafte Untergrundpresse, zahlreiche Forschungsprojekte über die US-Außenpolitik, die Rolle der Universitäten und deren Beeinflussung durch Regierung und Konzerne, alternative Theater- und Kunstgruppen und politische Vernetzungen des akademischen Mittelbaus. Mit der Gründung von »Freien Universitäten« versuchten DozentInnen und Studierende eine Praxis herrschaftsfreier Bildung umzusetzen, die zur kritischen Reflexion der gesellschaftlichen Zustände führen sollte.[27] Bis zum Jahr 1970 sollte es rund 500 solcher Projekte geben. Im Mittelpunkt des studentischen Protests standen in den Jahren 1966/67 jedoch die Verweigerung des Kriegsdienstes und massive Kritik an der faktischen Beteiligung der Universitäten an der Kriegsführung.

Weil die Regierung immer mehr Soldaten brauchte, um den Krieg in Vietnam zu führen, beschloss sie im Februar 1966 auch Studenten zum Kriegsdienst einzuziehen. Das Kriterium dafür war deren Leistung. Die Uni-Leitungen waren dazu angehalten, der Regierung ein Ranking der Studierenden gemäß ihrer Noten zukommen zu lassen. Zusätzlich sollte eine landesweite Befragung die Intelligenz und Leistung der Studenten erfassen. Wer die entsprechenden Noten nicht nachweisen konnte, musste in den Krieg, und das bedeutete – wie angesichts der wachsenden Anzahl von Zinksärgen, die aus Vietnam zurückkehrten, unschwer zu erkennen war – möglicherweise mit seinem Leben dafür zu bezahlen. Der Schock über die plötzliche persönliche Bedrohung, aber auch über die zynische Methode der Truppenerhebung und die Mitwirkung der Universitäten daran, saß tief. So gut wie jede Hochschule des Landes wurde ab Mitte 1966 Schauplatz von Protesten, die, je länger und intensiver der Krieg geführt wurde, mit zunehmender Verbitterung und Entschlossenheit ausgetragen wurden. Nicht nur an den Universitäten stieg die Anzahl der Protestierenden exponentiell, auch die Anzahl der Teilnehmer an den zentralen Anti-Kriegs-Demonstrationen in Washington wuchsen exponentiell: Waren es im April 1965 noch ca. 20.000, so waren es im Oktober schon 100.000 und im April 1967 knapp 500.000 Teilnehmer.[28]

Die Mitwirkung der Universitätsleitungen an der Truppeneinbeziehung – ihre »Komplizenschaft«, wie dies von den Protestierenden genannt wurde – war ein wesentlicher Grund dafür, dass die Proteste sich in Windeseile über das ganze

Land ausbreiteten. Im Wintersemester 1966/67 gab es laut einer Studie allein an den 78 prominentesten Universitäten 430 Proteste, d.h. ungefähr sechs Aktionen pro Hochschule.[29] An jeder Hochschule gab es einen konkreten Angriffspunkt: die indirekte Kooperation der Universität an der Kriegsführung. Diese beschränkte sich nicht nur auf die Frage der Rekrutierung von Soldaten. Studierende deckten auf, wie ihre Universität jeweils in die amerikanische Herrschaftsstruktur eingebunden war. Forschungsprojekte widmeten sich der Entwicklung von Waffensystemen und Herrschaftstechniken, es bestanden enge Kooperationen mit der Armee, der Raum gegeben wurde, Offiziere anzuwerben und Propaganda zu betreiben, und die Universität arbeitete mit Firmen wie z.b. Dow Chemical zusammen, dem Unternehmen, das Napalm für die Bombardierungen in Vietnam herstellte. Die Studierenden protestierten daher nicht nur symbolisch gegen den Krieg; es ging darum, diese Mitwirkung der Institutionen am massenhaften Morden in Vietnam zu unterbinden und schließlich die ganze Kriegsmaschinerie mit allen Mitteln zu stoppen. Aus Protest, der an die Herrschenden appellierte, wurde Widerstand, der sich gegen die Herrschenden wendete.

Die Students for a Democratic Society spielten – meist in Form ihrer Lokalgruppen, da der Gesamtverband sich 1966 noch schwer dabei tat, eine gemeinsame politische Orientierung zu finden – fast überall eine treibende Rolle bei den Protesten. Die Aktionen eines entschlossenen Kerns von AktivistInnen führten in vielen Fällen zu einer massenhaften Ausweitung der Proteste auf die überwiegende Mehrheit der Studierendenschaft. Im Mai 1966 wurde beispielsweise der von SDS-AktivistInnen formulierte Einspruch über die Mitwirkung der Universität von Chicago an der Einstufung der Studierenden von der Universitätsleitung brüsk zurückgewiesen. Daraufhin besetzten die Studierenden für fünf Tage das Hauptgebäude der Universität, verwandelten es in ein Forum der alternativen Diskussion und der politischen Debatte und wählten eine eigene Regierung auf Basis der Prinzipien von Participatory Pemocracy. Students Against the Rank, eine Ad-hoc-Vernetzung der Aktivist-/innen gegen die Truppenerhebung, die von den SDS ins Leben gerufen worden war, um den Protest zu organisieren, hatte danach über 1.000 Mitglieder, die auch in den Folgemonaten Aktionen organisierten.[30] Andere Aktionen entzündeten sich an der Präsenz von Anwerbern der Armee an der Universität. In Berkeley organisierten die SDS einen Infostand direkt neben einem Stand von Armeerekrutierern. Die Universitätsverwaltung – die anscheinend nicht viel aus dem Free Speech Movement gelernt hatte – bestand darauf, dass der Infostand geräumt würde. Daraufhin legte ein Streik die Universitäten lahm.

Der Krieg bot auch lokale Angriffsziele außerhalb der Universität: Im Herbst 1967 gelang es einigen hundert Demonstranten die Musterungsbehörde in Oakland, Kalifornien für einige Stunden zu blockieren. Eine andere direkte Aktionsform wählten die Studierenden des San Fernando State College. Die Hochschule liegt nicht weit neben einem Militärflughafen der US-Armee entfernt, von dem aus Kriegsausrüstung nach Vietnam ausgeflogen wurden. Die Möglichkeit die Kriegsführung zu sabotieren lag in unmittelbarer Nähe, und 1967 stürmten Studierende die Startbahn und blockierten sie, um den Start der Flugzeuge zu verhindern.

Wie diese Beispiele zeigen, waren die Proteste von zunehmender Entschlossenheit und Militanz geprägt. Die Bilder aus Vietnam, Bilder von Bombardierungen mit Napalm und von ermordeten Zivilisten, die zu dieser Zeit noch praktisch unzensiert im Fernsehen übertragen wurden, waren den Protestierenden ständig präsent. Es ging darum, den Krieg zu stoppen. Dazu waren die Mittel billig, die Erfolg brachten. Studierende beschränkten sich nicht auf Sitzblockaden, bei denen sie sich passiv wegtragen und verhaften ließen. Widerstand bedeutete, den Universitätsalltag zu durchbrechen, Gebäude zu besetzen und zu Zentren der freien Meinungsäußerung und der Kreativität umzufunktionieren. Es bedeutete, die Stellung zu halten und die Kräfte zu besiegen, welche die Ordnung wiederherstellen sollten.

Im Oktober 1967 protestierten einige Hundert Studierende an der Universität von Madison, Wisconsin gegen einen Personalanwerber von Dow Chemical, dessen Infostand sie mit einem Sit-in blockierten. Die Universitätsleitung zeigte sich unnachgiebig und holte die Polizei auf den Campus, um die Aktion aufzulösen. Die Einsatzkräfte reagierten mit roher Gewalt, als die Protestierenden sich weigerten das Gebäude zu räumen. Knüppel und – zum ersten Mal! – Tränengas wurden eingesetzt. Blutende Studierende retteten sich nach draußen. Dort hatten sich mehrere Hundert weitere Studierende versammelt und waren geschockt vom brutalen Vorgehen der Polizei, das von der Universitätsverwaltung geduldet wurde. Sie begannen sich zu wehren, warfen mit Steinen und sogar Schuhen und versuchten die Polizei zurückzudrängen. Als sich die Menge nach mehreren Stunden aufgelöst hatte, war das Gebäude zwar wieder in der Hand der Universitätsleitung, nun legte aber ein zweitägiger Streik den Lehralltag lahm. Im Ergebnis konnte der Rekrutierer von Dow Chemical seine Arbeit nicht fortsetzen und der Uni-Rektor musste am Ende des Semesters zurücktreten. Bemerkenswert ist, dass die Aktionen einer radikalen Minderheit von der großen Mehrheit der Studierenden unterstützt wurde – so groß war die Bestürzung über den Krieg, so weit war die

Studierendenschaft nach links gerückt. Die Erfahrung des Protests vertiefte das Gefühl der Entfremdung und die Radikalität vieler AktivistInnen. Oder, wie ein Teilnehmer der Proteste in Madison schrieb: »An der Universität von Wisconsin haben wir gerade die zwei lehrreichsten Wochen seit Bestehen der Universität hinter uns.«[31]

Das deutlichste Zeichen dafür, dass der Wind sich in Richtung Widerstand gedreht hatte, war aber der Marsch auf das Pentagon am 21. Oktober 1967. Etwa 100.000 Personen hatten sich zusammengefunden und marschierten, nachdem die Kundgebung eröffnet und die Reden gehalten worden waren, in Richtung Pentagon, der Schaltzentrale der amerikanischen Außenpolitik. Dort kam es zu einem radikalen Bruch der eingespielten Demonstrationsroutine. Eine Gruppe von radikalen Hippies durchbrach mit Unterstützung einiger SDS-Mitglieder die Absperrung der Armee, stürmte auf das Pentagon zu und setzte sich auf den Rasen. Die Soldaten versuchten die Eindringlinge mit Einsatz von Schlagstöcken und Tränengas aus dem Weg zu räumen, doch bevor sie die Situation in den Griff bekamen, folgten Tausende Demonstranten deren Beispiel. Schließlich belagerten mehr als 5.000 Demonstranten das Pentagon – entschlossen zu bleiben, und vor laufenden Fernsehkameras kaum durch brachiale Gewalt zu entfernen. Was dann passierte, wurde zu einem Symbol der Macht von Massenbewegungen. Die größte Militärmacht der Welt konnte nicht verhindern, dass die Flagge der vietnamesischen Befreiungsfront NLF auf dem Fahnenmast ihrer Kommandozentrale gehisst wurde, dass Hippie-Schamanen-Beschwörungen von sich gaben, um böse Geister auszutreiben, dass Lagerfeuer entzündet wurden und Demonstranten öffentlich Haschisch rauchten. Bis in den frühen Morgen wurde das Pentagon belagert und war Schauplatz einer der wohl euphorischsten Parties dieses Jahrzehnts. Wenn man sich vergegenwärtigt, dass die Mehrzahl der Demonstranten im Frühjahr 1965 noch mit Anzug und Krawatte demonstriert hatte, wird ersichtlich, wie weit sich diese bunte Truppe aus PolitaktivistInnen, Hippies und RebellInnen aller Schattierungen der neuen Subkultur in Aussehen, Werten und Aktionsformen von ihren VorgängerInnen entfernt hatte. Die Dynamik der Bewegung hatte die Jugend in Konfrontation mit dem System getrieben – und sie selbst dabei von Grund auf verändert.

In dieser Zeit des turbulenten, permanenten und vielschichtigen Protests waren die SDS die einzige Organisation, die gleichzeitig im nationalen Rahmen präsent und in den lokalen Protesten prägend war. Ab Mitte 1966 wurde ihr achtseitiger wöchentlich erscheinender Newsletter, die New Left Notes, in denen jeder

Protest mit einem kurzen Artikel bedacht wurde und Mitglieder Meinungen zur Entwicklung der Bewegung veröffentlichen konnten, zu einem wichtigen Medium, das die einzelnen Ortsgruppen zusammen hielt und den Austausch zwischen den Aktiven an verschiedenen Orten förderte. Die Organisation war stetig gewachsen, bis auf ungefähr 30.000 aktive Mitglieder Ende 1967. Dies reflektiert ihre zentrale Rolle in den meisten der lokalen Hochschulproteste. Überall waren SDS-Mitglieder dabei, Aktive zu sammeln, Gruppen zu gründen und Proteste zu organisieren. In vielen Universitäten waren sie der Kern, der Aktionen durchführte und damit den Stein ins Rollen brachte. Oftmals wuchsen kleine Anlässe, der öffentlichkeitswirksame Besuch beim Direktorat oder eine symbolische Aktion gegen den Krieg zu größeren Demonstrationen, Streikbewegungen und Besetzungen von Universitätseinrichtungen aus. Die SDS waren Initiator vieler Proteste und bildeten gleichzeitig einen Orientierungspunkt für den radikalsten Teil der Studierendenschaft. Und sie hatten zwischen 1965 und 1967 selbst einen Prozess der Veränderung durchgemacht.

1965 – 1967: SDS auf der Suche nach dem Subjekt

Prärie Power und das plötzliche Aufflammen des Protestes ab 1965 hatte innerhalb der SDS zunächst zu einem Bruch mit der bisherigen Organisationskultur und mit den früheren Traditionen geführt. Zentrale Organisation, Ideologie und strategisches Handeln galten als überholt; Spontaneität, Bewegung und emanzipatorische Praxis im Akt des Protestes bedeuteten für die jungen radikalen Mitglieder alles. Die SDS als Organisation unterschieden sich kaum von der Bewegung, nur dass sie irgendwie dichter und permanenter waren. Die Organisation hatte daher auch keine besondere Funktion gegenüber der gesamten Bewegung, im Unterschied zur Anfangszeit der SDS, als die Organisation explizit mehr sein wollte als die einzelnen Ein-Punkt-Bewegungen, deren Teilnehmer sie für die Idee von Participatory Democracy und den Kampf um eine Veränderung der gesamten Gesellschaft gewinnen wollte. Obwohl diese Form des naturwüchsigen Bewegungsanarchismus zunächst vorherrschend war, begann schon relativ bald eine neue Diskussion um die Deutung der eigenen Praxis und das Selbstverständnis von Organisation und Bewegung.

Dies trat zunächst in einer Form auf den Plan, die der neuen Subjektivität der Studierenden, ihren eigenen Erfahrungen aus zahlreichen Protesten, entsprach. Im Sommer 1966 veröffentlichte Carl Davidson, einer der Protagonisten der jungen SDS-Generation, ein Positionspapier mit dem Titel »Ein syndikalistische Studentenbewegung: die Reform der Universität überdenken«. Er argumentierte für Student Power. Laut Davidson transportierten die Hochschulen die Interessen der Herrschenden: »Unsere Universitäten sind schon jetzt die wesentlichen Akteure für die Veränderung der Gesellschaft in Richtung [von George Orwell's, F.B.] 1984.« Aufgabe einer Studierendenbewegung sei es, diese Manipulation zu durchbrechen, indem der Universitätsalltag gestört würde und die Studierenden selbst die Kontrolle über die Universität erhielten. Indem sie die Kontrolle über ihr Leben wiedererlangten, würden die Studierenden über ihren Tellerrand hinaus sehen und sich selbst verändern. Der wesentliche Zweck des Protests sei daher die Entwicklung eines radikalen Bewusstseins der gesamten Studierendenschaft, das sie für den Kampf um die Kontrolle der Universität vorbereitete. Der Kampf um die Universitäten ist in dieser Anschauung zentral für die Umwälzung der gesamten Gesellschaft. Studierende selbst sind die wichtigsten Akteure der Veränderung: »Was würde mit einer manipulativen Gesellschaft geschehen, wenn die Mittel zur Produktion manipulierter Menschen abgeschafft würden? Wir könnten dann eine Chance im Kampf für eine Veränderung des Systems haben«.[32]

Student Power – das entsprach dem Lebensgefühl der Protestierenden und definierte ihre Aufgabe. Die Parole wurde daher schnell zu einer zentralen Losung der Bewegung, zu einem Stück Selbstverständnis der Protestgeneration. Viel mehr bot das Papier aber nicht. Dafür war es zu fragmentarisch und in seiner Hoffnung, dass das Durchbrechen der Manipulation eine Wende herbeiführen könnte, relativ vage in der Perspektive.

Die fortwährende Radikalisierung der Bewegung und das Bedürfnis, die Eskalation des Krieges mit allen Mitteln zu stoppen, veränderten außerdem das Klima innerhalb der SDS. Die Transformation der Bewegung vom Protest zum Widerstand erforderte in den Augen vieler Mitglieder eine neue Ernsthaftigkeit. Das bedeutete auch eine Reorganisation des Verbandes im Sinne formaler Strukturen und einen wachsenden Bedarf an Diskussion, um die Perspektiven der Bewegung und die Rolle der Organisation, nicht zuletzt eine Theorie der radikalen Veränderung, kurz: einen Bedarf an Ideologie. Greg Calvert, ein führendes Mitglied der SDS, polemisierte in den New Left Notes gegen jene, die dies nicht anerkannten: »Vielleicht sollten wir jegliche landesweite Organisation ablehnen und entscheiden, dass die einzigen echten Probleme Nachbarschaftsprobleme seien, und dass es unecht sei, für irgendetwas Größeres einzutreten. Und wenn wir uns nur fest genug umarmen, dann wird in diesem Monster, das Amerika heißt, schon alles korrekt, richtig, sauber und anständig bleiben. Bis die Bombe kommt.«[33]

Die neue Leitung der SDS, sie bestand ab Mitte 1966 zum ersten Mal ausschließlich aus Mitgliedern der jüngeren Generation, betrachtete es als Aufgabe des Verbandes, »revolutionäres Bewusstsein« – zu diesem Zeitpunkt noch nicht näher definiert – unter den protestierenden Studierenden zu wecken. Dazu wurde ein internes Bildungsprogramm umgesetzt. Mehr als dreißig führende Mitglieder reisten fortan durch das Land, um die SDS-Gliederungen zu besuchen und die Diskussion über die Strategien des Verbandes voranzutreiben. Außerdem sollte systematischer als bisher daran gearbeitet werden, eine Theorie der Veränderung unter den aktuellen gesellschaftlichen Verhältnissen zu entwickeln.

Ergebnis war die so genannte New Working Class Theory[34]. Sie besagte, dass sich in der Nachkriegsgesellschaft eine neue Arbeiterklasse gebildet hätte, die an den Universitäten ausgebildet werde. Sie sei essentiell für den modernen Kapitalismus, da sie die Basis der wissensbasierten Produktion bilde. Die Erkenntnis über ihre eigene Rolle könne die neue Arbeiterklasse in Opposition zum System bringen und Studierende hätten daran einen wesentlichen Anteil; zunächst im Rahmen der Universität und später als technisch geschulte Arbeitskräfte in den Schlüsselbereichen der Gesellschaft.

Die New Working Class Theory operierte mit anderen Begriffen als das Papier über eine syndikalistische Bewegung der Studierenden. Sie beinhaltete Versatzstücke marxistischer Theorie – die Zentralität der Selbsterkenntnis der Beschäftigten als Hebel zu Veränderung – nur übersetzt sie sie auf die neue Arbeiterklasse als ein alternatives Subjekt zum klassischen Industrieproletariat. In der Konsequenz stützt dies die Annahmen der Student Power-Orientierung über die Zentralität des Hochschulprotests: Die New Working Class Theory betrachtet Studierende als die Avantgarde gesellschaftlicher Veränderung. Zusätzlich bekommen aber auch die »graduierten Radikalen« eine Aufgabe, jene wachsende Anzahl der SDS-VeteranInnen, die bisher ein eher stiefmütterliches Dasein außerhalb der Universitätsgruppen gefristet hatten. Sie sollten radikale Kerne innerhalb ihrer jeweiligen Berufsgruppen bilden. Die Universitäten wurden also als Ausgangspunkt für eine Linke gesehen, die weiter in die Gesellschaft ausgreifen sollte. Die starke Betonung der Studierenden und der akademischen Mittelschicht in dieser Theorie entspricht ihrem historischem Kontext: In der Phase kapitalistischer Prosperität nach dem Zweiten Weltkrieg war die industrielle Arbeiterklasse aufgrund des materiellen Wohlstandes in das System integriert und kaum als eine potenziell subversive Kraft erkennbar. Gleichzeitig expandierten die Universitäten in zuvor ungekanntem Maß. In politischer Sprache artikulieren sich in der New Working Class Theory nicht zuletzt tatsächlich die Interessen einer neuen sozialen Schicht, der Studierenden in Massenbildungsanstalten und eines neuen Segments der Arbeiterklasse, der professionellen Mittelklasse, deren Entstehung den veränderten Produktionsstrukturen des modernen Kapitalismus geschuldet ist.[35]

Die Hoffnung, dass diese im Verhältnis zu den normalen Beschäftigten privilegierten Berufsgruppen den Hebel zu einer Überwindung des Kapitalismus darstellen sollten, sollte sich nicht erfüllen. Die New Working Class Theory ist aber der Beginn eines ernsthaften Nachdenkens über die Rolle der Studierenden bei der Veränderung der Gesellschaft. Es handelt sich insofern auch nicht über eine abgeschlossene Theorie, sondern um einen ersten Versuch der Selbstverortung, der im Zusammenhang mit den eigenen Erfahrungen in der Bewegung stand. Ein notwendiger Prozess für den Aufbau einer systemkritischen universitären Linken, die ein Verhältnis zu den Bewegungen außerhalb der Gesellschaft entwickelt.

An praktischen Schlussfolgerungen war die neue Theorie jedoch arm. Sie baute einzig und allein auf Hochschulprotest und einer Vernetzung der Graduierten, die radikale Kerne in ihren jeweiligen Berufsgruppen konstituieren sollten. Diese langfristige Perspektive wurde der Dynamik der Bewegung jedoch nicht gerecht. Aktionen wie die Besetzung des Geländes des Pentagons liefen auf eine Konfrontation mit dem System hinaus. SDS-Mitglieder redeten immer öfter von »Revolution«, und die Tatsache, dass der Krieg trotz allen Protestes noch nicht beendet worden war, warf die Frage nach radikaleren Mitteln des Protests auf. Vor allem gab die New Working Class Theory keine Antwort darauf, in welchem Verhältnis die Studierenden zu anderen protestierenden Gruppen standen. Damit war sie zu einem Zeitpunkt, zu dem die Aufstände in den Ghettos der amerikanischen Großstädte eskalierten und mit der Black Panther Party erstmals ein revolutionärer Flügel der Schwarzenbewegung sichtbar wurde, unhaltbar. Der Kampf der Unterprivilegierten, der radikalen Black Power-Bewegung und nicht zuletzt jener des Vietcong und anderer antiimperialistischer Bewegungen ließen eine Konzentration auf die Interessen der Studierenden als heuchlerisch erscheinen. Außerdem schien der Widerstand der Studierenden gegen die Einberufung in die Armee auf einmal schlicht die Überheblichkeit der weißen Mittelschicht darzustellen. Die radikalen Proteste an den Hochschulen hatten zur Folge gehabt, dass tatsächlich nur wenige Studenten nach Vietnam geschickt wurden. Stattdessen kämpften und starben dort vor allem Kinder aus Arbeiterfamilien. Student Power und die New Working Class Theory passten nicht mehr zu den aktuellen Erfordernissen.

Derselbe Carl Davidson, aus dessen Feder die Theoretisierung des studentischen Widerstandes stammte, argumentierte im September 1967 – nur ein Jahr nach Veröffentlichung seines Papiers zu Student Power:

»Was können Studierende tun? Es erscheint frivol, Kämpfe um die Satzung von Wohnheimen zu organisieren, wenn man dies mit den Ghetto-Rebellionen vergleicht. Und weiße Studierende sind in der Bewegung der Schwarzen nicht länger erwünscht oder notwendig. [...] Info-Stände gegen die Rekrutierung in die Armee im Gebäude der Studentengewerkschaft – die größte Arroganz. Wir organisieren Studierende gegen die Einberufung, obwohl die Armee aus jungen Männern besteht, die arm, schwarz, lateinamerikanischen Ursprungs, Hillbillies oder Arbeiter sind. Sie besteht aus allem außer aus Studierenden. Wie können wir beim Planen unserer Strategien so blöd sein? Studenten sind unterdrückt? Schwachsinn. Wir werden dazu trainiert Unterdrücker oder die Stiefellecker von Unterdrückern zu sein.«

Ende 1967 verstand sich die Leitung der SDS und ein großer Teil der Mitgliedschaft als Revolutionäre. Sie sahen sich als eine Avantgarde der kommenden Revolution oder zumindest als ein Teil davon. Der Kampf gegen die Kriegsmaschinerie bzw. den »Imperialismus«, wie nun der vorherrschende Sprachgebrauch war, musste durch eine soziale Konfrontation geschehen, durch einen Kampf gegen die Machtzentren in der Gesellschaft. Dieser konnte nicht nur von Studierenden geführt werden. Subjekt der kommenden Revolution sollte eine Koalition von radikalen Jugendlichen, Schwarzen, Arbeitern und Deklassierten sein. Die Aufgabe der SDS war in den Augen der Führung nun, den institutionellen Widerstand in den Universitäten auf die Spitze zu treiben, um die Funktionstüchtigkeit des Systems zu beeinträchtigen und die Kämpfe der Schwarzen, der Armen und den antiimperialistischen Widerstand in den Ländern der Dritten Welt zu unterstützen.[36]

III. 1968: Weltweiter Aufbruch der Bewegung, Wendepunkt der SDS

Das Jahr 1968 war eine Abfolge von weltweiten Ereignissen, die einem Rausch glichen. Woche für Woche verstärkten die Geschehnisse den Eindruck, dass eine radikale Veränderung, eine Revolution unmittelbar vor der Tür stehe. Die Zeit verdichtete sich: Die Intensität der politischen Erfahrungen und Diskussionen nahm zu. Für Hunderttausende war dieses Jahr ein Ausnahmezustand, in dem das Leben seine normalen Bahnen verließ und sie sich voll und ganz der Aufgabe widmeten, die Gesellschaft zu verändern.

Den Anfang bildete die Têt-Offensive des Vietcong. Die vietnamesische Befreiungsbewegung startete zum Neujahrsfest (Têt, im Jahr 1968 Ende Januar unserer Zeitrechnung) einen koordinierten Überraschungsangriff auf über 100 südvietnamesische Städte und Militärbasen des Landes. Sie griffen die US-Botschaft in Saigon an, attackierten die größte US-Militärbasis in Da Nang, besetzten die alte Kaiserstadt Huê und hissten die Flagge der NLF auf den Fahnenmasten des Palastes. Die Têt-Offensive ist ein faszinierendes und außergewöhnliches Beispiel des Guerillakriegs. Obwohl die US-Armee erhebliche Schwierigkeiten dabei hatte, die Lage wieder unter Kontrolle zu bekommen, war die Offensive im militärischen Sinne ein Desaster. Dennoch war die Têt-Offensive der entscheidende Wendepunkt im Kriegsverlauf und der Anfang der Niederlage der USA. Der Vietcong attackierte gezielt symbolische Orte der US-Besatzung. Damit gewannen sie den Krieg um die öffentliche Meinung. Die Fernsehbilder der kämpfenden vietnamesischen Einheiten straften die Aussagen der US-Regierung Lügen, welche einen baldigen Sieg und das Ende des Krieges in Aussicht gestellt hatte. Und sie zeigte noch etwas anderes: Ohne die massive zivile Unterstützung wäre die Têt-Offenisve kaum möglich gewesen. Es wurde sichtbar, dass in Vietnam eine breite Widerstandsbewegung gegen die US-Armee kämpfte, welche versuchte eine Marionettenregierung in Südvietnam aufrecht zu erhalten. Für die rebellierenden Studierenden unterstrich Têt eine wesentliche Erkenntnis: Im Krieg zwischen US-Imperialismus und vietnamesischer Befreiungsbewegung hieß es Position zu beziehen – für den Sieg des Vietcong und die Niederlage der US-Armee. Die radikalen Studierenden sahen sich ab sofort als Teil dieses globalen Krieges an der Seite der vietnamesischen Kommunisten, deren Politik sie relativ unkritisch adaptierten. Doch auch das amerikanische Establishment positionierte sich in Folge der Têt-Offensive klar, und zwar gegen den Krieg. Die US-Regierung hatte sich in Vietnam in ein kostspieliges Abenteuer verwickelt, das die Ökonomie enorm belastete und sich als ein ungewinnbarer Krieg erwies. Namhafte Größen in Wirtschaft und Politik begannen sich offen gegen den Krieg zu äußern, und in der Demokratischen Partei entstand mit den so genannten Doves (Tauben) eine nennenswerte Opposition gegen den Krieg. Am 31. März kündigte Präsident Johnson an, bei den Wahlen im Herbst 1968 nicht mehr antreten zu wollen. Außerdem sollten Friedensverhandlungen mit dem Vietcong aufgenommen werden.[37]

Nur vier Tage später, am 4. April 1968, wurde Martin Luther King auf dem Balkon seines Hotelzimmers in Memphis, Tennessee erschossen. In über 100 Städten kam es zu Aufständen und zum Teil mehrtägigen Straßenkämpfen, die

39 Todesopfer und über 2.000 Verletzte forderten. Der gewaltsame Tod des Pazifisten, der moralischen Integrationsfigur für die gesamte Protestgeneration, war für viele auch ein Symbol: für die Grenzen des friedlichen Protests, für eine neue Epoche von entschlossenem Kampf und Revolution, für das endgültige Aufblühen von Black Power und dem revolutionären schwarzen Nationalismus.

Im selben Monat kam es an der Columbia Universität zu den bislang längsten, schärfsten und militantesten Auseinandersetzungen an den Universitäten (siehe Ergänzungen).[38] Aufgrund ihrer führenden Rolle im Streik wurden die SDS erneut das Enfant terrible der Massenmedien, die in offener Feindschaft über das Treiben der studentischen »Revolutionäre« berichteten und den SDS dadurch, wie auch schon nach der ersten Demo gegen den Vietnamkrieg 1965, einen enormen Zustrom an Neumitgliedern bescherten. Columbia war nur der spektakulärste und medial präsenteste Klimax der Welle von studentischen Protesten, die 1968 ein noch höheres Niveau erreichten als in den Jahren zuvor: Eine Studie kommt zum Ergebnis, dass es 1968 insgesamt 3.463 Proteste an Universitäten gegeben habe, von dem Einreichen von Petitionen bis zur militanten Blockade.[39]

Im Juni 1968 wurde schließlich Robert Kennedy, ein aussichtsreicher Kandidat auf die Nachfolge Lyndon B. Johnsons und exponierter Befürworter des Abzugs der US-Truppen, erschossen. Die SDS kümmerten die Präsidentschaftswahlen zwar wenig, weil sie längst mit der Demokratischen Partei gebrochen hatten. Der Mord galt jedoch als ein weiterer Beweis der Unmöglichkeit friedlicher Veränderungen und war ein Schock für viele Studierende, die immer noch Hoffnungen in eine progressive Wendung der Demokraten gesetzt hatten.

Begleitet wurden diese Ereignisse von den Nachrichten über die Ereignisse im Ausland. Die Bewegung des Prager Frühlings forderte die Macht der Sowjetunion heraus, welche die Bewegung im August schließlich gewaltsam niederschlug. In Mexiko eröffnete die Armee im August das Feuer auf eine studentische Massendemonstration und tötete Hunderte DemonstrantInnen. Im April wurde Rudi Dutschke durch Schüsse eines Attentäters lebensgefährlich verletzt, und es kam in ganz Westdeutschland während der so genannten Osterunruhen zu militanten Straßenschlachten. Im Mai 1968 streikten über Zehn Millionen ArbeiterInnen in Frankreich im größten Streik aller Zeiten. Die Streikbewegung entfaltete eine derartige Macht, dass die französische Regierung zwischenzeitlich ins Exil nach Baden-Baden flüchtete. Die Arbeiterklasse, von der neuen Linken stets als Kraft historischer Veränderungen abgeschrieben, betrat plötzlich wieder die Bühne der Geschichte und legte das gesamte Land lahm. Eine Tatsache, die um so mehr die

Renaissance des Marxismus in der internationalen Bewegung förderte.

Konflikte und Spannungen innerhalb der SDS

In dieser Atmosphäre der Aufstände, Attentate und Rebellionen hielten die SDS im Juni 1968 ihre National Convention – die landesweite Delegiertenversammlung – ab. Es handelte sich um eine riesige Versammlung von 500 Delegierten und 300 BeobachterInnen. Sie repräsentierte die gewaltige Stärke der SDS zu diesem Zeitpunkt. Die Organisation hatte mindestens 40.000 aktive Mitglieder in über 350 Gruppen – Tendenz steigend. Bis zum Herbst sollte die Mitgliederzahl auf 80.000 – 100.000 ansteigen. Der Bekanntheitsgrad und die Ausstrahlung, welche die Organisation in dieser Zeit besaß, war so groß, dass zu Beginn des Wintersemesters über 500 Studierende zum ersten Gruppentreffen an der Universität in Stanford kamen. Von 851 Erstsemestern an der Universität von Princeton schlossen sich außerdem 106 den SDS an.[40] Die Stärke der Organisation machte sich auch in der Praxis bemerkbar. Es gab kaum einen Protest, an dem SDS-Mitglieder nicht eine wichtige, wenn nicht führende Rolle spielten. Der Verband war in dieser Zeit Orientierungspunkt für Hunderttausende Studierende und prägte die AktivistInnen auch mit seinen Theorien. Auch der Absatz der Publikationen der SDS erreichte eine ungeahnte Reichweite. Doch 1968 sollte auch ein Wendepunkt in der Geschichte der SDS werden. Schon auf der National Convention in diesem Jahr offenbarten sich Schwächen und interne Zerwürfnisse, die eine entscheidende Rolle für den schnellen Niedergang der Organisation im Folgejahr spielten.

Zunächst war die Konferenz von einem extremen Revolutionskult geprägt, der eine völlige Negation all dessen darstellte, was bisher konstitutiv für die Neue Linke gewesen war. Der Veranstaltungsort war gehüllt in rote Fahnen, Hammer- und Sichel-Embleme und den Porträts großer Revolutionsführer wie Lenin, Mao und Che Guevara. Die »Mao-Bibel«, das kleine rote Buch mit Sprüchen Mao Zedongs, war überall. Die Problematik bei dieser Entwicklung lag nicht darin, dass die neu bekehrten Revolutionäre die marxistische Theorie wieder entdeckten, die sie jahrelang links liegen gelassen hatten, da sie als Ausdruck der Alten Linken galt, sondern dass der plötzliche Bedarf nach Ideologie, nach einer revolutionären Deutung der Welt und einer Strategie ihrer Veränderung zu einer relativ unkritischen Adaption gängiger Marxismen führte und dies zu einer formelhaften, der eigenen Erfahrung entkoppelten Theorie führte. Die Entwicklung einer eigenen Deutung der Welt war mit der New Working Class Theory, die bei allen Schwächen einen

Bezug zur eigenen studentischen Identität hatte und in einer offenen Debatte entwickelt worden war, über Bord geworfen worden. Es war aber kaum möglich, eine eigene Deutung der Welt ad hoc, inmitten einer als revolutionär empfundenen Situation, zu entwickeln. Deshalb hielten sich die führenden SDS-Mitglieder an bestehenden Theorien fest. Angesichts der historisch bedingten Schwäche der Arbeiterbewegung in den Industriestaaten während des langen Wirtschaftsaufschwungs in der Nachkriegszeit gewann vor allem der so genannte »Dritte-Welt-Marxismus« maoistischer und guevaristischer Prägung an Attraktivität. In diesen Theorien wurde jedoch die Bedeutung revolutionärer Initiative und die Effektivität des bewaffneten Guerillakampfes überschätzt. Außerdem importierten die Studierenden in den USA Theorien aus den antikolonialen Kämpfen, die wenig mit ihren eigenen Erfahrungen zu tun hatten und kaum Antworten auf die Fragestellungen der Bewegung in den modernen Industriestaaten bieten konnten. Die Folge war Dogmatismus: keine lebendige Anwendung und Entwicklung der Theorie, sondern Grabenkämpfe; keine offene Diskussion, sondern sektiererische Rechthaberei. Eine lebendige und produktive Adaption des Marxismus und eine kritische Auseinandersetzung mit der Geschichte revolutionärer Bewegungen, was sicherlich einen immensen Fortschritt gegenüber dem antiideologischen liberalen Basisdemokratismus der früheren Jahre dargestellt hätte, war unter diesen Umständen nicht möglich. Die dogmatischen Auseinandersetzungen eskalierten schließlich so weit, dass sich auf einer landesweiten SDS-Versammlung ein halbes Jahr später zwei Gruppen gegenüberstanden, die sich gegenseitig »Ho-Ho-Ho-Chi-Minh« und »Mao-Mao-Mao-Zedong« Sprechchöre entgegen schrien.[41]

Neben der dogmatischen Verformung, die auf der National Convention 1968 besonders deutlich sichtbar wurde, gewannen aber verschiedene Spannungen und Konflikte an Intensität, die schon seit Längerem schwelten: die zunehmende Distanz zwischen dem National Office (NO), der nationalen Führung der SDS, und der Masse der Mitgliedschaft; der Konflikt zwischen den VertreterInnen einer konfrontativen Widerstandspraxis und einer eher moderaten Linie des Bewegungsaufbaus und der Kampf des National Office gegen die AnhängerInnen der Progressive Labor Party, einer maoistischen Organisation, die in den Reihen der SDS arbeitete und zunehmend danach trachtete, den Verband zu dominieren.

Eine wachsende Kluft zwischen dem National Office und der Mitgliedschaft

»Führung« war in einer Organisation, deren ursprüngliches Ideal eine herrschaftsfreie Form der Basisdemokratie gewesen war, immer ein kontroverses Thema gewesen. Die frühen SDS versuchten, alle Entscheidungen im Konsens zu treffen und jedes Mitglied in die Diskussion einzubeziehen. Während der ERAP-Projekte zerstreuten sich die Mitglieder in einzelne nahezu autonom operierende Gruppen. Der SDS der Prärie Power-Phase schaffte Führung fast vollständig ab, und auch die Zeit bis 1967 war von einer gewissen Skepsis gegenüber einer Organisationszentrale begleitet. Neben der Erfahrung mit einer autoritären Gesellschaft und der Ablehnung des Parteienkommunismus im Ostblock war ein wesentlicher Grund für diese anti-zentralistische Stimmung die Struktur der Bewegung selbst. Protest an den Hochschulen war per se dezentral und von den lokalen Gruppen vor Ort selbst organisiert. Zwar waren die zentralen Demonstrationen und Initiativen wichtig und der Austausch bzw. die Verallgemeinerung eigener Erfahrungen über die New Left Notes und die nationalen Konferenzen bedeutsam, dennoch passte ein dezentrales und basisdemokratisches Organisationsverständnis zur Praxis der allermeisten Mitglieder. Mit der Radikalisierung der Organisation änderte das NO plötzlich die Orientierung. Davidson, Calvert und andere schrieben Artikel gegen das Prinzip der Participatory Democracy, forderten eine straffe Organisation und begannen 1968 bewusst damit, eine revolutionäre Organisation aus den SDS zu formen. Analog dazu, dass Studierende nicht mehr als das zentrale Subjekt und die Universitäten nicht mehr als das wichtigste Schlachtfeld erachtet wurden, entkoppelte sich die Führung dabei von den Erfahrungen der Mitglieder. Sie nahm die Mehrheit der AktivistInnen einfach nicht mit, insbesondere, als das Tempo der politischen Auseinandersetzungen sich 1968 erhöhte und schnell Antworten auf die plötzlichen Ereignisse gefunden werden mussten.

Es verhielt sich jedoch nicht so, dass die Radikalität der Führung, ihr Bekenntnis zur Revolution und zum Marxismus an sich zu einer Entfremdung von der breiten Mitgliedschaft führte. Laut einer Untersuchung von 1968 bezeichneten sich im Herbst dieses Jahres 368.000 Studierende als Revolutionäre.[42] Damit verloren auch die basisdemokratischen Impulse innerhalb der SDS an Substanz. In den Augen vieler SDS-Mitglieder erforderte eine politische Perspektive des Kampfes um die politische Macht und eine Praxis, in der es vermehrt zu Auseinandersetzungen mit dem zentralisierten Staatsapparat kam, eine einheitlichere und effektivere Organisationsform als jene, die bis zu diesem Zeitpunkt vorherrschend gewesen war. Allerdings wurde die Wendung zum Zentralismus mehr oder weniger vom NO verordnet. Infolgedessen war nur eine Minderheit in der Organisation an der Diskussion und vor allem an den Entscheidungen über den zukünftigen Kurs der Organisation beteiligt. Für die Mehrheit der SDS-Mitglieder lag der Schwerpunkt ihrer Aktivität, wenn sie die zentralen Diskussionen auch sicherlich verfolgt haben mögen, in den lokalen Gruppen, wo jeweils unterschiedliche politische Traditionen vorherrschten. Die faktische Pluralität der SDS, die inzwischen über eine riesige und diverse Anhängerschaft verfügten, nahm daher zur selben Zeit, als die führenden Mitglieder ein zunehmend autoritäres und einheitliches Organisationsmodell oktroyierten, nicht ab. Ende 1968 stand sich schließlich ein eingeschworenes, aber der Organisation faktisch entfremdetes Führungsteam, das fast konspirativ arbeitete, und die Masse der normalen Mitgliedschaft gegenüber. Die Geschichte der Organisation unterteilt sich zu dieser Zeit im Grunde in die Geschichte der Führungsclique und ihrer GegnerInnen, die sich verstärkt in interne Auseinandersetzungen verstrickten und der Geschichte »von unten«, der Geschichte der lokalen BasisaktivistInnen, die nicht weniger radikal und von der Führung nicht unbeeinflusst waren, die aber von nun an wenig Anteil an der Entwicklung der Gesamtorganisation hatten.[43]

Action Faction vs. Praxis Axis

Während des Streiks an der Columbia Universität und auch davor hatte sich ein weiterer Konflikt offenbart, der 1968 wohl in nahezu allen SDS-Gruppen des Landes eine Rolle spielte. Er entspann sich zwischen aktionistischen Mitgliedern (in den SDS in Columbia scherzhaft Action Faction genannt), die im Geist des antiimperialistischen Widerstandes und einer bevorstehenden Revolution mit allen Mitteln eine Konfrontation in den Institutionen eingehen wollten, und moderateren, oft aber nicht notwendigerweise älteren Mitgliedern (Praxis Axis), die mitunter nicht weniger revolutionär eingestellt waren als die AktionistInnen, die sich aber in ihrer Taktik daran orientierten, die Mehrheit der Studierenden für sich zu gewinnen und den Einfluss der SDS Schritt für Schritt zu erhöhen. Die Ereignisse des Jahres 1968 begünstigten einen Trend zum radikalen, unmittelbaren Protest. Beim Columbia-Streik hatte die Action Faction die entscheidende Rolle beim Ausbruch des Streiks gespielt. Revolutionäre Ungeduld und damit der Drang zu unmittelbarer, direkter Aktion prägte angesichts der dramatischen Ereignisse des Jahres außerdem zweifellos einen großen Teil der Mitgliedschaft.

Der Konflikt war in vielen Gruppen präsent, weil sich in ihm zwei widersprüchliche Momente einer revolutionären Entwicklung widerspiegelten. Zum einen brachte radikaler Protest – auch von einer Minderheit, auch mit radikalen Mitteln – in vielen Fällen die Lawine ins Rollen und kreierte Situationen, bei denen eine Minderheit zur Politisierung und Radikalisierung der großen Mehrheit beitrug. Zum anderen war es für erfolgreiche Proteste notwendig, die Mehrheit der Studierenden auf die Seite des Protestes zu bringen und somit geduldig für eine mittelfristige Perspektive zu argumentieren. Die Vermittlung dieser widersprüchlichen Anforderungen im Rahmen einer konkreten Strategie wäre für den weiteren Erfolg zentral gewesen. Doch dies war kaum mehr möglich. Zum einen gab es im landesweiten Maßstab keine einfache Antwort darauf, weil die Situation der Gruppen unterschiedlich war. Gerade Studierende in den Hochschulen des Südens oder Mittleren Westens, wo sich die radikale Minderheit nicht selten in der Defensive befand, waren kaum bereit, sich in radikale Aktionsformen zu verbrennen und gingen auf wachsende Distanz zur radikal-konfrontativen Orientierung des NO. Zum anderen war die Action Faction bzw. das auf Konfrontation setzende NO kaum mehr bereit, sich um die Mehrheit der Studierenden zu scheren. Wichtiger war Subversion, Sabotage und die Einheit im Kampf mit den revolutionären Avantgarden, die ab dem Frühjahr 1968 bei der Black Panther Party und im Vietcong verortet wurden. Die Studierenden galten ihnen ab Mitte 1968 als kaum mehr als ein Rekrutierungsfeld für den revolutionären Kampf. Es schien keine Sinn zu machen, sich mit Studierenden auseinanderzusetzen, die gegenüber den Kriegskritikern bei den Demokraten noch Illusionen hegten und nicht an eine Revolution glaubten. Diese Haltung war für eine weitere Entkopplung des radikalen Kerns der Organisation und die einsetzende Isolation der SDS verantwortlich. Ein Beispiel für diese Dynamik waren die Aktionen der infolge der radikalen Aktionen der so genannten Jesse-James-Gang, einer radikalen SDS-Strömung an der Universität von Michigan, in der auch NO-Mitglieder arbeiteten. Sie führten eine ständige offene Auseinandersetzung innerhalb der lokalen SDS-Gruppe und spalteten sich schließlich aufgrund ihrer Ungeduld mit der Zögerlichkeit vieler SDS-Mitglieder ab. Der von der Jesse-James-Gang ausgerufene Universitätsstreik am Wahltag im November 1968 wurde allerdings zu einem Fiasko. Nur eine Minderheit befolgte den Aufruf. Infolgedessen und wegen der anhaltenden Fraktionsstreitigkeiten waren die SDS an der Universität von Michigan, seit jeher eine Hochburg der Organisation, schon Ende 1968 diskreditiert.[44]

Progressive Labor Party vs. National Office

Die am vehementesten geführte Auseinandersetzung im nationalen Rahmen war jedoch der Fraktionskampf zwischen der SDS-Führung mit den Anhängern der Progressive Labor Party. Sie eskalierte 1968 und gipfelte im Sommer 1969 in der Spaltung der SDS. Die Progressive Labor Party (PL) war eine maoistische Organisation, die sich Anfang der Sechziger Jahre in Folge des Zerwürfnisses zwischen China und der UdSSR von der Kommunistischen Partei abgespalten hatte. Sie war 1966 kollektiv den SDS beigetreten, als sichtbar wurde, dass diese offensichtlich den größten Teil der studentischen BewegungsaktivistInnen anzogen. Damit bewiesen sie einen gewissen Instinkt und eine hohe taktische Flexibilität. Bezüglich ihrer Zielsetzung – der Unterwanderung der SDS und der Anwerbung von Mitgliedern – und ihrer politischen Ideologie, die offenbar in einer relativ starren Auslegung des Maoismus bestand, hatten sie jedoch ein sektenhaftes Erscheinungsbild. Sichtbarster Ausdruck dessen war, dass sie während den Hochzeiten der kulturellen Revolution, währenddessen sich noch das steifste SDS-Mitglied lange Haare wachsen ließ, zu kiffen begann und Rockmusik hörte, jegliche Zeichen der Jugendrevolte ablehnten, stets adrett gekleidet waren und sich betont ernsthaft gaben. 1968 distanzierten sie sich zudem vom vietnamesischen Befreiungskampf und von der Black Panther Party. Sie verurteilten also insgesamt so ziemlich alles, womit sich die überwältigende Mehrheit der SDS-Mitglieder identifizierte. Trotzdem schaffte es die Strömung, die anfangs von Außenstehenden kaum ernst genommen wurde, erheblichen Einfluss auf den Verband zu nehmen und die Mehrheiten des NO auf den nationalen Konferenzen zu bedrohen. Sie kontrollierte außerdem 1968 einige wichtige lokale SDS-Gruppen, wie z.B. jene in Berkeley und Harvard. Wie war das möglich?

Die PL-Strömung hatte noch 1966 deutlich radikaler agiert als die Leitung der SDS. Sie hatte schon frühzeitig mit der Formierung einer radikalen Vorfrontorganisation gegen den Krieg begonnen – dem so genannten May 2nd Movement – und unterstützte früher als der Gesamtverband radikalen Widerstand gegen die Einberufung zur Armee. Wichtiger war jedoch, dass sie permanent, auch in der Phase, in der die SDS über gar keine gemeinsame Orientierung für die Praxis verfügten, eine Strategie anboten, nämlich die Orientierung auf die industrielle Arbeiterklasse. Die praktischen Vorschläge von PL wie beispielsweise so genannte Work-ins, bei denen Studierende aus politischen Gründen einfache Beschäftigungen in der Industrie annahmen, waren, so sie überhaupt umgesetzt wurden, allerdings wenig erfolgreich. Gerade als die Bewegung stärker und radikaler wurde, war die Perspektive auf ein Bündnis zwischen Studierendenschaft und Arbeiterklasse dennoch eine attraktive Alternative zur Student Power-Orientierung und den späteren Randgruppentheorien des NO. Gerade Mitglieder, die weniger Berührungsängste mit dem Marxismus hatten, wurden von der ideologischen Entschiedenheit der PL-Anhänger und der Ernsthaftigkeit angezogen, mit der sie ihre Strategie verfolgten. 1968 waren die Unterschiede zwischen NO und PL hinsichtlich der Betonung von Ideologie und strafferer Organisation sowieso nicht mehr besonders groß.[45]

Der wesentliche Grund für den wachsenden Einfluss der PL-Strömung lag aber darin begründet, dass sie in Teilen dem wachsenden Unmut vieler Mitglieder einen Ausdruck verliehen. Dies galt vor allem für die Kritik an der militanten Konfrontationslinie des NO und dessen mangelnden Bezug zur Mitgliedschaft. PL hatte in den Jahren 1966/67 einen selbstzerstörerischen Konfrontationskurs verfolgt, der sie von weiten Teilen der Mitgliedschaft isoliert hatte. Ende 1967 vollzog die Strömung jedoch einen deutlichen Schwenk, stellte den Aufbau einer Allianz zwischen Studierenden und ArbeiterInnen in den Mittelpunkt ihrer Praxis und lehnte alle Aktionen ab, welche bei der Mehrheit der ArbeiterInnen auf Ablehnung stoßen würde. Übersetzt auf die Universitäten bedeutete dies eine Strategie des Basisaufbaus, der geduldigen Organisationsarbeit, des Kampfes um die Zustimmung und Unterstützung der Mehrheit auf dem Campus. Damit sprachen sie die Sprache all derjenigen Mitglieder, die der Konfrontationslinie des NO nichts für ihre eigene Praxis abgewinnen konnten. Nicht alle unterstützten deswegen PL, aber einige sympathisierten mit ihren Forderungen. Trotz ihres sektenhaften Erscheinungsbildes und ihrer dogmatischen Auslegung des Marxismus konnte die PL-Strömung daher in Abstimmungen einen Teil der unentschiedenen Mitglieder auf ihre Seite ziehen.[46] Da die PL-AnhängerInnen es verstanden, ihr Lager zu organisieren und um Mehrheiten zu kämpfen, bedrohten sie ständig die Mehrheit des NO. Als Antwort griff die SDS-Leitung auf ähnlich autoritäre Maßnahmen zurück wie PL. Sie führte einen Kampf um die einzelnen Gliederungen der Organisation, setzte auf allen zentralen Ebenen von oben ihr nahestehende Mitglieder ein und organisierte ein koordiniertes Abstimmungsverhalten ihrer Anhänger auf den nationalen Konferenzen.[47] Das Verhalten der SDS-Führung, ihr taktisches Agieren aber auch ihre strategische und theoretische Orientierung wurde ab Anfang 1968 vollkommen von dem eskalierenden Fraktionskampf geprägt. Bis zu dem Punkt, an dem sie den Delegierten der National Convention im Juni 1969 das absurde

Ultimatum stellte, ihre Politik inklusive der Unterstützung der Regierungen von Nordkorea und Albanien zu unterstützen, nur um PL loszuwerden.

Eine radikale Jugendbewegung als Stoßtrupp der Revolution

Mit der Erwartung, dass die Revolution unmittelbar bevorstehe, arbeitete die Führung der SDS, die sich bei der National Convention 1968 noch einmal knapp durchsetzen konnte, mit Hochdruck daran, SDS in die revolutionäre Organisation zu verwandeln, die der kolossalen Aufgabe gerecht werden könne, die amerikanische Herrschaftsstruktur herauszufordern. Die Bedrohung durch die PL-Fraktion, die auf der National Convention so viele Delegierte um sich gruppieren konnte, dass das NO die eigenen Leitanträge nicht durchbrachte, bedeutete, dass die Theorie und die Praxis der Führung darauf abzielte, einen Gegenentwurf zur PL-Strategie einer Allianz aus Studierenden und Beschäftigten zu schaffen. Die Demonstration gegen den Parteitag der Demokraten in Chicago wurde Geburtshelfer für die neue Strategie des NO.

Im August 1968 wurde der Präsidentschaftskandidat der Demokratischen Partei für die Wahlen Ende des Jahres bestimmt. Der Kriegskritiker Eugene Mc-Carthy war aussichtsreicher Bewerber für die Kandidatur. Die SDS hatten sich gerade deswegen halbherzig an der Mobilisierung zur Demonstration vor dem Parteitag beteiligt, weil sie befürchteten, dass diese Demonstration als Parteinahme für McCarthy gedeutet werden könnte. Gemäß ihrer inzwischen stramm antiparlamentarischen Einstellung taten sie alles, um die Neutralität der SDS in der Frage der Präsidentschaftskandidatur herauszustellen und sich von den weit verbreiteten Hoffnungen auf eine Linksentwicklung der Demokratischen Partei zu distanzieren.

Diese Hoffnungen wurden an jenem Tag auch in einer Orgie von Polizeigewalt und Tränengas erstickt. Die Polizei ging wahllos und mit roher Gewalt gegen die DemonstrantInnen vor. Vor dem Parteitagsgebäude tobten heftige Straßenschlachten, mehrere Hundert der AktivistInnen wurden verletzt und über 100 mussten im Krankenhaus behandelt werden. Innerhalb des Gebäudes wurde Hubert Humphrey, ein Kriegsbefürworter, mit allen Finessen der Parteitagsregie des demokratischen Establishments ins Amt gehievt. Das Ausmanövrieren des Friedenskandidaten bei gleichzeitiger brutaler Repression des Protests: Die Fernsehbilder waren ein deutliches Symbol für die zerbrochenen Hoffnungen und die Wut, die Ende der Sechziger Jahre die Bewegung prägten. Und die Ereignisse in

Chicago waren ein weiterer Moment der Radikalisierung – sowohl derjenigen, die stille Hoffnungen in die Demokraten gesetzt hatten, als auch derjenigen, welche sie schon längst abgeschrieben hatten. Die SDS gehörten zu den Letzteren. Chicago verhärtete die Tendenz des NO, Liberale oder Sozialdemokraten überhaupt nicht mehr als Zielgruppe zu sehen. Sowohl moderate Studierende, als auch Reformforderungen, wie z.B. nach der Veränderung der Universitäten, wurden fortan von den SDS boykottiert und mit Verachtung bedacht.[48]

Obwohl die Demonstration mit 10.000 TeilnehmerInnen weit unter den Erwartungen der OrganisatorInnen geblieben war, feierte die SDS-Führung Chicago als großen Erfolg. Statt den von ihr erwarteten Liberalen bestand ein großer Anteil der DemonstrantInnen aus radikalisierten Jugendlichen aus den ärmeren Teilen Chicagos, unter ihnen etliche AfroamerikanerInnen und Jugendliche lateinamerikanischer Abstammung. Zum ersten Mal standen tatsächlich Jugendliche aus den ärmsten Bevölkerungsschichten neben den radikalen Intellektuellen und warfen Steine auf die Polizei. Auf dieser Erfahrung aufbauend spezifizierte die Mehrheitsströmung um das NO in den folgenden Monaten ihre Strategie, die Theorie einer »Revolutionären Jugendbewegung« (Revolutionary Youth Movement – RYM). Der Theorie zufolge bestünde die wichtigste Aufgabe der SDS darin, die radikale Jugend in den Großstädten zu organisieren und daraus eine Kampftruppe zu formen. Durch ihre Position im »Herzen der Bestie« käme ihr eine wesentliche Rolle im weltweiten antiimperialistischen Kampf zu. Da der Kampf des Vietcong und die revolutionäre Bewegung der Schwarzen schon in vollem Gange sei, stünde der unmittelbare Kampf gegen die US-Regierung auf der Tagesordnung, bei dem auf die Befindlichkeiten der privilegierten Bevölkerungsmehrheit keine Rücksicht genommen werden könne. Die RYM-Fraktion innerhalb der SDS verortete die Avantgarde der Revolution damit außerhalb der eigenen Organisation – in den antiimperialistischen Kämpfen in der Dritten Welt und vor allem bei der Black Panther Party, um deren Anerkennung die SDS buhlten. Die RYM-Orientierung implizierte außerdem, dass die SDS-Mitglieder einen Bruch mit ihrer eigenen Identität als privilegierte weiße Mittelschicht vollzogen. Es ging darum, die Seite zu wechseln und aus dem Lager der Ausbeuter ins Lager der Ausgebeuteten überzulaufen. Tausende SDS-Mitglieder verabschiedeten sich daraufhin von ihrer akademischen Karriere und die Radikalsten brachen sogar völlig mit ihrer Herkunft und ihren Familien.[49]

Die RYM-Orientierung lief damit auch auf eine erneute Abkehr der SDS von den Universitäten hinaus. Sie blieben nur als Rekrutierungsfeld für die SDS-

Kampftruppe sowie als Arena militanten Protestes, der das US-System destabilisieren sollte, interessant. Daher diskreditierten sich die SDS im Laufe des Jahres 1969 weitgehend und verloren ihre studentische Massenbasis, und das obwohl die Proteste an den Universitäten im Frühjahr 1969 ein noch höheres Niveau erreichten als im Jahr zuvor. Ihr radikales Abenteurertum, bei dem die RYM-AktivistInnen oft die Konfrontation um der Konfrontation Willen suchten, verbunden mit ihrem martialischen Auftreten und ihrer verbalen Kraftmeierei, führte sogar zu offenen Anfeindungen gegenüber der Organisation, die noch wenige Monate zuvor Zehntausende Neumitglieder aus den Reihen der radikalisierten Studierendenschaft hatte begrüßen können.

Eine wesentliche Rolle in der Dynamik von Isolation und zunehmender Militanz, welche die weitere Entwicklung der SDS, aber auch eines beträchtlichen Teils der gesamten gesamten Protestbewegung prägte, spielte die eskalierende Repression seitens der US-Regierung. Der Republikaner Richard Nixon gewann die Präsidentschaftswahlen im November 1968. Die Eindämmung der Unruhen an den Universitäten war Schwerpunkt seiner Wahlkampagne gewesen, und wie angekündigt wurden die Repressionsmittel des Staates mit aller Macht gegen die Bewegung eingesetzt. Nixon sprach davon, »angemessene physische Gewalt« gegen Unruhestifter anzuwenden und nannte die SDS als Hauptverantwortliche für die Proteste an den Hochschulen. Universitätsleitungen wurden unter Druck gesetzt, härter gegen die Studierenden vorzugehen, und die Geheimdienste, die schon von den Demokraten gegen die Protestbewegungen eingesetzt worden waren, bespitzelten selbst an den unbedeutendsten Hochschulen jede kritische Aktivität linker AktivistInnen. Rund 2.000 FBI-AgentInnen und weitere 2.000 InformantInnen, dazu noch zahlreiche Beamte lokaler Polizei- und Aufklärungseinheiten arbeiteten innerhalb der Strukturen der Neuen Linken und trugen zur Verurteilung Tausender AktivistInnen bei. Allein im Frühjahr 1969 wurden außerdem über 1.000 Studierende wegen politischer Aktivitäten der Universität verwiesen. In linken Kreisen wurde davon gesprochen, dass die Uni-Rektoren damit Todesurteile unterschrieben, denn nach dem Ausschluss aus der Universität wurden die männlichen Aktivisten mit großer Wahrscheinlichkeit zum Kriegsdienst in Vietnam eingezogen.[50]

Widerstand war in den Jahren 1968/69 auf breiter Basis entstanden. Die Universitäten waren permanent Schauplatz von Auseinandersetzungen, die aufgrund der härteren Haltung der Leitungen zunehmend von Verbitterung geprägt waren; immer mehr AfroamerikanerInnen bekannten sich als Revolutionäre und mit der

Black Panther Party und anderen radikalen Strömungen wie z.b. dem »Dodge Revolutionary Union Movement«, einer betrieblichen Bewegung schwarzer ArbeiterInnen in Detroit, entstanden ernstzunehmende revolutionäre Organisationen in ihren Reihen. Innerhalb der Armee gründeten revoltierende Soldaten eine Reihe von Untergrundzeitungen, und zahlreiche Soldaten verweigerten ihren Vorgesetzten den Befehl oder verübten sogar Anschläge auf Offiziere.

Während radikale revolutionäre Stimmungen auf diese Weise zunehmend Unterstützung erhielten – eine Entwicklung, die wenige Jahre zuvor noch vollkommen unvorstellbar gewesen war – nahm allerdings die gesellschaftliche Polarisierung zu. Mit dem Antritt der Nixon-Regierung wendete sich die Stimmung gegen die radikalen Studierenden. Einer Umfrage zufolge waren 82% der Bevölkerung im Frühjahr 1969 der Meinung, dass studentische DemonstrantInnen aus den Universitäten ausgeschlossen werden sollten und 52% waren prinzipiell gegen studentische Demonstrationen, selbst wenn die sich friedlicher Mittel bedienten.[51] Umso mehr verstärkte sich der Eindruck unter den radikalen SDS-Mitgliedern, dass die Mehrheit der US-Bevölkerung prinzipiell nicht für eine radikale Veränderung zu gewinnen sei. Sie galten als Profiteure der weltweiten Ausbeutung. Mehr und mehr verbreitete sich die Ansicht, dass der Kampf für die Niederlage des US-Imperialismus im eigenen Land als Minderheitsbewegung geführt werden müsste.

Der dramatische Klimax: Die Spaltung der SDS im Juni 1969

»You don't need a weatherman to know which way the wind blows« (Du brauchst keinen Wetteransager, um zu wissen woher der Wind bläst.) – unter diesem Titel veröffentlichte die Führung der SDS zur National Convention 1969 ein umfangreiches Positionspapier, in dem sie ihre Strategie des militanten revolutionären Kampfes der Jugend an der Seite der Black Panther Party und der weltweiten Befreiungsbewegungen darlegte. Der Titel war ein Angriff auf den theoretischen Dogmatismus der Progressive Labor Party und als Zitat des »Subterrean Homesick Blues« von Bob Dylan gleichzeitig eine Attacke auf deren starre Ablehnung von allem, was mit der Jugendkultur der Sechziger Jahre zu tun hatte. Vor allem sollte er aber zum Ausdruck bringen, dass der revolutionäre Kampf schon im vollen Gange sei: Der Wind blies in Richtung Revolution.

Die Konferenz war ein riesiges Event mit knapp 2.000 Teilnehmern, die sich im Juni 1969 in Chicago versammelten.[52] Die Atmosphäre war angespannt, die zahlreichen lokalen Streitigkeiten zwischen PL- und NO-Anhängern ließen eine weitere Auseinandersetzung um den Kurs der Organisation erwarten. Das NO, das in nahezu konspirativer Zurückgezogenheit das gemeinsame Positionspapier erarbeitet hatte, setzte alles daran, die PL-Strömung zu diskreditieren, um sie unschädlich zu machen. Als Höhepunkt der Parteitagsregie war Rufus Walls, der »Informationsminister« der Black Panther Party in Illinois als Gastredner geladen. Die Strömung um das NO hatte sich im Vorlauf der Konferenz das Vertrauen der Black Panthers erworben und führte nun deren Autorität ins Feld, um die PL-Strömung, welche sich ja von der Black Panther Party distanzierte, unschädlich zu machen. Der Plan endete in einem Fiasko. Nach den erwarteten Attacken auf PL widmete sich Walls unerwarteterweise dem Thema Frauenbefreiung. Er sprach von »Pussy Power« und reagierte auf Proteste der Delegierten mit derben sexistischen Äußerungen („Die strategische Position von Euch Schwestern in der Bewegung ist vornübergebeugt«). Die Konferenz explodierte förmlich angesichts des wütenden Protests der Delegierten und die Panthers mussten den Saal verlassen. Die Parteitagsstrategie des NO lag in Scherben. Vor allem war aber die Orientierung, die Black Panther Party mehr oder weniger bedingungslos als Avantgarde der Revolution zu unterstützen, in Frage gestellt. Am nächsten Abend kehrten die Black Panthers zurück, um den Delegierten einen Beschluss der Führung der Partei zu verkünden: Sie verlangten den Ausschluss von PL und drohten an, die SDS diesbezüglich an ihren Taten zu messen – eine unverhohlene Drohung, ihnen die Anerkennung zu entziehen, falls sie der Forderung nicht nachkämen. In Folge dieses Ultimatums, das möglicherweise vom NO inszeniert gewesen sein war, um PL loszuwerden[53], kam es zur Spaltung des Verbandes. Die Anhänger des NO, die zukünftig als Weathermen bezeichnet wurden, verließen für stundenlange Beratungen den Saal und beschlossen schließlich, die PL-Anhänger entgegen allen Regelungen der Satzung auszuschließen. Die Weathermen-Fraktion verkündete ihren Beschluss, verließ mit rund 700 Anhängern[54] den Saal und setzte die Konferenz an einem anderen Ort fort. Beide Strömungen bezeichneten sich fortan als SDS und betrachteten sich als der rechtmäßige Nachfolger der Organisation.

Beide Nachfolgeorganisationen konnten nicht an die Erfolge der Students for a Democratic Society anknüpfen. Die von der Progressive Labor Party dominierte Organisation setzte in einheitlicher und rigider Weise eine Orientierung auf Allianzen mit den ArbeiterInnen an den Universitäten um, die ohne jeden Erfolg blieb und dazu führte, dass sich ein Teil der Mitglieder wieder von ihnen abkehrte. Die Weathermen beschritten den Weg der zunehmenden Militanz und Isolation konsequent weiter. Sie bildeten ab dem Sommer 1969 konspirative Kollektive, die den Zweck verfolgten, eine weiße revolutionäre Kampftruppe zu formen und zu diesem Zweck abgeschottet von der Außenwelt zusammenlebten. Ihre Mittelklassenherkunft sollte durch eine revolutionäre Identität ersetzt werden, in der Eigentum, Monogamie und andere Bestandteile bürgerlicher Identität überwunden werden sollten. Im Herbst 1969 veranstalteten die Weathermen die Days of Rage, bei denen zum offensiven Kampf gegen die Polizei aufgerufen wurde. Nur ca. 300 KämpferInnen tauchten, mit Helmen und anderen Utensilien des Straßenkampfes gewappnet, auf und lieferten sich verzweifelte Schlachten mit der Staatsmacht, die viele von ihnen ins Gefängnis brachte. Anfang 1970 unternahm der radikale Kern dieser Strömung den konsequenten Schritt: Aus den Weathermen wurde Weather Underground, eine Terrororganisation, die in den nächsten sieben Jahren zahlreiche Symbole der US-Herrschaft bombardierte.[55]

Die PL-dominierten SDS brachten es Ende 1969 gerade einmal auf ca. 3.000 Mitglieder. Die Weathermen, denen Zahlen – wie sie anlässlich der Days of Rage bemerkten – sowieso nichts mehr galten, bestanden zur selben Zeit höchstens noch aus 500 Aktiven.[56] Von den ehemals rund 100.000 Mitgliedern der SDS hatte sich die große Masse keiner der beiden Strömungen angeschlossen und zog es stattdessen vor, sich ohne nationale Organisation im Rahmen von Bewegungsaktivitäten oder subkulturellen Projekten zu engagieren. Als es im Mai 1970, nachdem vier Studierende an der Universität von Kent, Ohio während einer Massendemonstration gegen die Ausweitung des Krieges nach Kambodscha von der Nationalgarde erschossen worden waren, zur größten Hochschulrevolte aller Zeiten mit über vier Millionen Protestierenden kam, existierten die SDS als landesweite Massenorganisation nicht mehr. Dies tat der Dynamik der Bewegung zunächst keinen Abbruch. Lokale Strukturen und Ad hoc-Bündnisse ersetzten zunächst die initiierende und mobilisierende Rolle, welche die SDS in der Zeit von 1965 bis 1968 eingenommen hatten. Es existierte aber keine fest an allen Universitäten verankerte Organisation mehr, welche während der Proteste die weitergehenden Zusammenhänge von Imperialismus und kapitalistischer Herrschaft, von studentischem Protest und der Veränderung der gesamten Gesellschaft thematisierte und eine Strategie grundsätzlicher Veränderungen vorschlug. Die Bewegungen waren zurückgeworfen auf jene Ein-Punkt-Mobilisierungen, welche die SDS ursprünglich überwinden wollten. Daher erreichten die Mobilisierungen der Sechziger und frühen Siebziger Jahre zwar, dass die USA den Vietnam-Krieg 1975 mit einer Niederlage beenden mussten und erkämpften eine Reihe von Rechten und

Freiheiten, die in den Fünfziger Jahren des 20. Jahrhunderts noch in weiter Ferne gelegen hatten; die politische Linke war aber geschwächt und gespalten und hatte nur mehr begrenzten Einfluss auf die weiteren Geschehnisse. Daher verdichteten sich die großen Protestbewegungen in den Siebziger Jahren nicht mehr in dem Maße zu einer antikapitalistischen Herausforderung des US-Kapitalismus, wie es zu den Hochzeiten von SDS und Black Panther Party der Fall gewesen war.[57]

Ansprache von Mark Rudd, Vorsitzender des SDS und späteres Mitglieder der Stadtguerillagruppe »Weather Underground« an der Columbia University 3. Mai 1968

Keine Ansprache durchbricht die Dressur. In Uniform gesteckte und zum Gehorsam dressierte Jugendliche stehen als Nationalgardisten ihren gleichaltrigen Generationsgenossen als Bedrohung gegenüber. Chicago, 28. August 1968, während des Nationalkonvents der Demokraten, auf dem Hubert Humphrey zum Präsidentschaftskandidaten gekürt wurde. Humphrey war Befürworter des Vietnam-Krieges.

Am 4. Mai 1970 marschieren Nationalgardisten mit Karabinern und Gasmasken bewaffnet auf den Campus der Kent State University im Bundesstaat Ohio. Der Protest der Studierenden richtet sich gegen die Ausweitung des Vietnamkrieges, nachdem die amerikanische Regierung unter Nixon Kambodscha überfallen ließ.

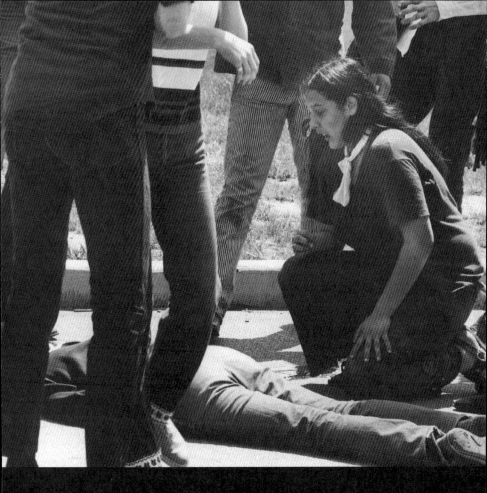

Der Krieg nach außen schlägt nach innen zurück. Plötzlich feuert die Nationalgarde auf die Studierenden und tötet vier von ihnen, neun weitere werden teilweise schwer verletzt. Keiner der Täter wird jemals belangt. Am Boden (oben) der ermordete Student Jeffrey Glenn Miller vor den entsetzten Augen von Kommilitonen.

IV. Organisation in Bewegung: Subjekt, Ideologie und Organisation damals und heute

Die turbulente Geschichte der Students for a Democratic Society, ihr kometenhafter Aufstieg und ihr plötzliches Scheitern wirft Fragen auf, deren Antworten auch für zukünftige Bewegungen von Bedeutung sein können: Was war für das Scheitern der SDS verantwortlich? Hätte es vermieden werden können? Wie hätte eine erfolgreiche Strategie aussehen können, um die Ziele der Bewegung umzusetzen? Im Folgenden sollen einige Problemfelder der Organisationsentwicklung herausgearbeitet und diskutiert werden.

Die Geschichte der SDS ist von raschem Wandel, von politischen Umorientierungen und Brüchen geprägt. Dennoch bestehen wichtige Kontinuitäten. Der Wandel der Organisation von den radikaldemokratischen Zirkeln der Frühphase zur antiimperialistischen Organisation ist in gewisser Weise konsequent. Er spiegelt den Prozess der Radikalisierung der gesamten Studierendenschaft und beträchtlicher Teile der US-Bevölkerung außerhalb der Universitäten wider. In diesem Prozess gerieten die AktivistInnen der SDS, die radikaldemokratische Werte als eine Zielvorstellung gesellschaftlicher Veränderung setzten und die amerikanische Gesellschaft als ein System identifizierten, in Widerspruch zu den Kräften, welche diese Gesellschaft kontrollierten. Aus zivilem Ungehorsam, dem »Stoppen der Maschine« in Mario Savios Worten, wurde Widerstand, auch militanter Widerstand und die Suche nach Machtmitteln, welche die Herrschenden tatsächlich stoppen und schließlich entmachten könnten. Die Brachialität des Vietnam-Kriegs war der Taktgeber für die zunehmende Militanz des Widerstands, der im Kern stets als ein moralischer Akt, als eine individuelle Entscheidung gegen die Mittäterschaft am Massenmord empfunden wurde – vom ersten Sit-in bis zu militanten Aktionen und dem persönlichen Bruch mit dem »Privileg der weißen Haut«, den die Weathermen vollzogen.

Obwohl in der Rückschau der Radikalismus der revolutionären Phase der SDS, ihre Einseitigkeiten, ihr Dogmatismus und ihre Übertreibungen oft befremdlich wirken, ist es daher nicht richtig, die frühen SDS als »die Guten« zu begreifen und die Geschichte der Organisation ab 1965 als ein Entgleisen zu betrachten. Diese Tendenz liegt einigen Darstellungen zugrunde, die sich mit der Frühphase der Organisation beschäftigen, insbesondere den Analysen und Memoiren der frühen Führungsgeneration.[58] Die politische Entwicklung selbst, die Geschlossenheit des politischen Systems, die anhaltende rassistische Unterdrückung sowie die Eskalation des Krieges bedeuteten, dass in der zweiten Hälfte der Sechziger Jahre kaum mehr politischer Raum für einen liberaldemokratisch beeinflussten Verband vorhanden war, der darauf baute, die Eliten durch sanften Druck zu bewegen. Die Suche nach radikaleren Mitteln, nach Gegenmacht und Widerstand war daher eine folgerichtige Reaktion auf die Konfrontation mit der Rigidität des amerikanischen Kapitalismus als Herrschaftsstruktur. Natürlich ist damit nicht jede Entscheidung der SDS richtig und jede Handlung gerechtfertigt. Aber die Organisation hatte sich mit gutem Grund von ihrer ursprünglichen im Port Huron Statement formulierten Position weiterentwickelt. Die Sackgassen ihrer Entwicklung und die Spaltung des Verbandes waren zudem nicht zwangsläufig. Unter Umständen hätte es durchaus Raum für alternative Entwicklungen gegeben, die im Sinne von Organisation und Bewegung zu produktiveren Ergebnissen geführt hätten.

Die frühen SDS gegenüber den späten SDS hochzuhalten würde außerdem bedeuten, das wirklich Spektakuläre an der Organisation zu verkennen. Auch wenn die frühen SDS die Linke auf originäre Weise wiederbelebten und ihre Organisationsansätze einen Beitrag zum späteren Erfolg der SDS leisteten: Die politisch bahnbrechende Entwicklung war die antikapitalistische Radikalisierung von Hunderttausenden, für die die späten SDS der wichtigste Orientierungspunkt waren. Hierin bestand die Chance zu einer wirklichen Neugründung der Linken und zur Umwälzung der bestehenden Gesellschaft. Ziele, welche im Sinne einer Überwindung des Kapitalismus zwar nicht erreicht wurden, die aber im Sinne progressiver Reformen und einer Wiederbelebung der politischen (Sub-)Kultur sehr wohl zu einer nachhaltigen Veränderung der Gesellschaft beigetragen haben.

Um genauer auf die Potenziale und Grenzen der SDS eingehen zu können sollen im Folgenden drei miteinander verknüpfte Problemfelder diskutiert werden: die Frag nach dem Subjekt der Veränderung, die Rolle von Theorie und die Form linker Organisation.

Antiimperialistischer Kampf und politisches Subjekt

Die SDS haben in ihrer Geschichte einen strategischen Zick-Zack-Kurs vollzogen, der vor allem mit einer Unentschiedenheit darüber zu tun hatte, welche gesellschaftlichen Gruppen überhaupt Träger der angestrebten Veränderungen sein sollten.

Die SDS waren in ihrer Gründungsphase primär an den Universitäten aktiv. Im Port Huron Statement wurden Studierende als wichtigste Quelle der Kritik genannt, wenn die Praxis auch auf eine Verknüpfung von Ein-Punkt-Bewegungen abzielte, die sich durchaus auch außerhalb der Universität abspielten. Mit den ERAP-Projekten vollzog die Organisation eine radikale Abwendung von den Universitäten. Als Subjekt galt ausschließlich eine Bewegung der Deklassierten. Studierende wurden als Träger der Veränderungen faktisch abgeschrieben, sie wurden nur als Katalysatoren der Bewegung für die Projektarbeit in den Großstädten rekrutiert.

Mit dem Ausbruch der studentischen Massenbewegung fanden die Impulse der spontanen Protestbewegung Eingang in Student Power und später in die New Working Class Theory; beides Ansätze, in denen Intellektuellen die entscheidende Rolle bei der Veränderung der Gesellschaft zugemessen wurde.

Ende 1967 und schließlich mit der RYM-Orientierung des National Office wurde eine Koalition von radikalen Jugendlichen und ethnischen Minderheiten, bzw. später die Black Panther Party und der antiimperialistische Widerstand in der Dritten Welt zur Avantgarde der Revolution erklärt.

Die Organisation oder zumindest deren Kern vollzog somit eine doppelte Bewegung aus den Universitäten heraus, hin zu einer Suche nach der Identität mit den Unterdrückten, insbesondere den AfroamerikanerInnen. Die Abwendung von der weißen Mittelschicht, verbunden mit dem Bruch mit der eigenen Identität und der Suche nach etwas moralisch Aufrichtigerem und Authentischerem, ist sogar eine auffällige Ähnlichkeit zwischen den frühen ERAP-Aktivisten und den späteren Weathermen – nur dass dieser Bruch von Letzteren auf wesentlich militantere und rigidere Art und Weise vollzogen wurde.

Eine Gemeinsamkeit aller Orientierungen war, dass sie keine Hoffnung auf eine Bewegung legten, die von der Mehrheit der amerikanischen Bevölkerung ausgehen könnte. Diese wurde wahlweise als manipuliert oder korrumpiert empfunden. Insbesondere die industrielle Arbeiterklasse schied als Subjekt einer radikalen Bewegung aus. Diese Haltung entsprang aus der Erfahrung der AktivistInnen mit der Realität der Arbeiterbewegung ihrer Zeit. Nach Jahren des wirtschaftlichen Aufstiegs waren die Beschäftigten »geblendet vom Chrom ihrer Autos« und traten kaum als Akteure von Bewegungen in Erscheinung. Die wilden Streiks schwarzer Arbeiter in Detroit und anderen Orten blieben Randerscheinungen, der Funke sprang nicht auf breitere Schichten über. Ähnlich wie der Sozialistische Deutsche Studentenbund, aber im Unterschied zu den studentischen AktivistInnen in Frankreich, deren Proteste im Mai 1968 den massiven Generalstreik auslösten, waren die SDS in den USA somit mit der Passivität und Feindschaft der Beschäftigten konfrontiert. Eine Erfahrung, die angesichts der nationalistischen und antikommunistischen Hegemonie in den Gewerkschaften um so schwerer wog. Infolgedessen wurde die intellektuelle Mittelschicht selbst oder unterdrückte Minderheiten im Bündnis mit den internationalen antiimperialistischen Bewegungen als Träger der Veränderung identifiziert – und damit verklärt. Dem studentischen Protest allein fehlte die Stärke, um die Kriegsmaschinerie ins Wanken zu bringen und erst recht, um die herrschenden Eliten zu entmachten. Zudem neigte er – wie es die radikalen AktivistInnen der SDS Ende der Sechziger Jahre auf sektiererische Art und Weise, aber treffend bemerkt hatten – dazu, auf eine Artikulation der Interessen der akademischen Mittelschicht und auf dementsprechend beschränkte Aktionsformen und -ziele zurückzufallen. Der radikale schwarze Nationalismus und die antiimperialistischen Bewegungen bildeten zwar eine ernste Herausforderung für die weltweite Hegemonie der USA, sie stellten per se aber nicht den Schlüssel zu einer Veränderung der Welt im Sinne einer Überwindung des Kapitalismus dar. Die Black Panther Party und andere radikale Gruppierungen setzten auf einen separaten Kampf der schwarzen Minderheit, der zwischen der Perspektive einer eigenen afroamerikanischen Nation und einer Revolution hin und her schwankte. Auch sie waren letztendlich nicht in der Lage, eine breitere Gegenmacht gegen die Macht des amerikanischen Staates aufzubauen und scheiterten an der brutalen Repression durch die Nixon-Regierung. Der »antiimperialistische Kampf« in der Dritten Welt war in den meisten Fällen ein Kampf um nationale Unabhängigkeit, der unter sozialistischen Losungen geführt wurde. Nachdem eine ganze Generation die politischen Führer in Kuba, China, Vietnam und in manchen Fällen sogar in Kambodscha und Albanien als vermeintlich bessere Alternative zum Stalinismus gefeiert hatten, folgte wenige Jahre später das böse Erwachen, als ersichtlich wurde, dass diese Gesellschaften im besten Fall zwar vom US-Einfluss unabhängig, aber kaum sozialistisch (z.B. Angola und Vietnam) und im schlimmsten Fall (z.B. Kambodscha) mörderische Diktaturen waren.

Letztendlich befand sich die Bewegung damit in einem Dilemma. Ohne einen Zugang zur Mehrheit der Bevölkerung verstrickte sie sich in einer Dynamik von zunehmender Militanz und Repression, die schließlich in die Niederlage führte. Eine unmittelbare Alternative zur Überwindung des Kapitalismus war aber in den USA der späten Sechziger Jahre kaum vorhanden. Zwar starben primär Kinder aus Arbeiterfamilien im Krieg in Vietnam, was dazu beitrug, dass sich schließlich eine Mehrheit gegen den Krieg wendete; keinesfalls führte dies aber unmittelbar zu einer nennenswerten Opposition gegen das System und einem Schulterschluss mit den radikalen Studierenden. Eine Orientierung darauf, die Mehrheit der Beschäftigten für einen Kampf zu gewinnen, welcher – wie die SDS stets betonten – mehr sein sollte als bloß »zahme« Demonstrationen gegen den Krieg war damit unrealistisch und führte (so zumindest die Befürchtung) tendenziell zu einer Anpassung der Bewegung an die rückständigen Stimmungen in der amerikanischen Arbeiterbewegung. Es hatte gewissermaßen zum Gründungsethos der SDS gehört, sich von jener zahmen und angepassten Praxis zu distanzieren, welche die US-amerikanische Linke der Fünfziger und frühen Sechziger Jahre geprägt hatte. Entsprechend bestand beträchtlicher Widerstand dagegen, eine geduldige, mittelfristige Strategie eines Kampfes um Hegemonie zu verfolgen, erst recht unter den Umständen von weltweiter Radikalisierung und konkreten antiimperialistischen Kämpfen. Die Eskalation des Protests erschien dagegen moralisch konsequenter und politisch effektiver zu sein, zumal sie in vielen Fällen tatsächlich Früchte trug. Konfrontationen an den Universitäten waren oft der Auslöser für massenhaften Protest. Der entschlossene und gegen den Widerstand der moderateren Linken durchgesetzte Protest an der Columbia-Universität stellte einen Höhepunkt der Bewegung dar, welcher zur Politisierung und Radikalisierung Hunderttausender Studierender beitrug. Die Blockade von Armeeeinrichtungen und die Störung von Veranstaltungen der Kriegsparteien fühlten sich für die Beteiligten wie kleine Siege gegen die Militärmaschinerie der USA an. Im Kontext der Têt-Offensive unterstützte dies die Illusion, dass eine bloße Radikalisierung des Protests im Bündnis mit nationalen Befreiungsbewegungen und dem Kampf der Black Panthers den US-Imperialismus in die Knie zwingen könnte. Tatsächlich war die Wirksamkeit der radikalen Protestformen jedoch begrenzt. Zwar trugen sie dazu bei, dass die Regierung vorübergehend in die Defensive geriet und schließlich aus Vietnam abziehen musste. Die militanten Strategien scheiterten aber daran, die Macht des amerikanischen Staates tatsächlich zu brechen und den Kapitalismus zu überwinden. Konfrontative Aktionsformen waren zudem nur auf dem Rücken einer Massenbewegung gegen den Krieg wirksam, welche eben die politische Hegemonie der Regierung herausforderten. Die Mischung aus Massendemonstrationen und radikalen Aktionen von vier Millionen Studierenden im Mai 1970 war insofern wesentlich gefährlicher für die Herrschenden als die zunehmend abenteuerlichen Aktionen der SDS ab Mitte 1968.

Dieses Dilemma war in der Bewegung in Deutschland in gewisser Weise ähnlich und trug innerhalb des Sozialistischen Deutschen Studentenbundes zur Fraktionierung zwischen den »Traditionalisten«, die auf breite Bündnisse mit der

Arbeiterbewegung orientierten, und den »Antiautoritären« um Rudi Dutschke bei, welche ihren Protest als Teil des Kampfes der Befreiungsbewegungen in der Dritten Welt sahen. Der Aktionismus der Antiautoritären hatte entscheidenden Anteil daran, die Bewegung ins Rollen zu bringen. Er fußte auf der euphorischen Einschätzung, Teil einer weltweiten Befreiungsbewegung zu sein sowie auf dem Glauben, dass radikale Aktionen die Manipulation der Bevölkerung durchbrechen könnten. In der zunehmenden Konfrontation mit der Staatsmacht entpuppten sich diese Hoffnungen jedoch als voluntaristische Illusionen. Eine massenhafte Radikalisierung der Werktätigen blieb aus, wenn es auch im September 1969 zu wilden Streiks in der Stahlindustrie kam. Sie war durch die Willenskraft der radikalen Minderheit allein nicht zu erzeugen. Die Bewegung geriet an ihre Grenzen und sowohl SDS als auch die Protestbewegung spalteten sich entlang verschiedener strategischer Orientierungen.

Der Widerspruch zwischen der Radikalität revolutionärer Minderheiten und der Passivität der Mehrheit war im Jahr 1968, als die amerikanische Arbeiterbewegung in der »Wohlstandsgesellschaft« wenig Anlass zum Protest hatte und die Radikalen inmitten der extremen politischen Polarisierung zunehmend in die Isolation gerieten, nicht zu überspringen. Keine Taktik, weder effektivere Praktiken radikaler Konfrontation noch Ansätze, die auf eine Koalition der Studierenden mit Teilen der Arbeiterbewegung bauten, hätten unmittelbar zum Erfolg geführt. Die schwierige Erkenntnis, zu der am Höhepunkt der weltweiten Auseinandersetzungen kaum jemand bereit war, hätte darin gelegen, den Kampf der radikalen Minderheit mit einer mittelfristigen Perspektive zu verbinden, welche – von zukünftigen Widersprüchen und sozialen Konflikten ausgehend, die sehr wohl die Mehrheit beträfen – auf eine linke Hegemonie in der Gesellschaft, einen politischen Kampf um die Mehrheit orientiert hätte. Dies wäre damit verbunden gewesen, das Verhältnis zwischen Studierenden bzw. AkademikerInnen, diskriminierten Minderheiten und der konkret existierenden Arbeiterbewegung zu definieren – ein Versuch, der bei allen Mängeln, welche diese Ad hoc-Theorie aufwies, mit der New Working Class Theory begonnen, aber dann abrupt abgebrochen wurde. Es hätte auch bedeutet, eine Perspektive und eine Strategie für eine Linke in der gesamten Gesellschaft zu diskutieren, welche ihre Forderungen in Bezug zu den Interessen der Mehrheit der Bevölkerung bringt. Damit ist ein weiteres Problemfeld in der Entwicklung der SDS angesprochen: die Rolle einer Theorie der Veränderung.

Pluraler Protest und Ideologie

Fundament der frühen SDS war ihre Distanzierung von der Linken ihrer Zeit, den in sich gekehrten und untereinander zerstrittenen Organisationen der Fünfziger Jahre, die ihnen ein abschreckendes Beispiel waren. Die Gründungsgeneration der SDS hatte ein Gespür dafür, dass linke Perspektiven nur dann eine Chance hätten, wenn sie sich von den Grabenkämpfen und den Sackgassen dieser Linken befreien würde. Diese Haltung war zum einen Produkt des besonders rigiden Antikommunismus in den USA, der eine Distanzierung vom Marxismus bewirkte, die es in dieser Form z.B. im deutschen SDS nicht gab. Zum anderen war es aber durchaus sinnvoll, eine neue, optimistische Linke nicht aus den Grabenkämpfen der etablierten politischen Traditionen zu entwickeln, sondern ein integrierendes, »ideologiefreies« Programm auf Grundlage gemeinsamer Werte zu entwickeln – wenn auch angemerkt werden muss, dass der Gründungskonsens keineswegs ideologiefrei war, sondern auf bestimmten liberalen und radikaldemokratischen Grundannahmen fußte.

Ende 1967 gab es innerhalb der SDS, aber nicht nur dort, plötzlich einen dringenden Bedarf nach »Ideologie«. Von einem spontanen Aufbäumen 1965/66 hatte sich die Bewegung weiterentwickelt. Schien es anfangs noch ausreichend zu sein, möglichst viele Menschen für Aktionen zu mobilisieren und »seinen Körper auf die Räder der Maschine zu werfen«, so kam eine große Zahl der AktivstInnen angesichts der Konfrontation mit dem Staat und vor allem aufgrund der kontinuierlichen Ausweitung des Krieges in Vietnam zur Überzeugung, dass eine ernsthafte Strategie, das heißt eine theoretisch fundierte Orientierung, vonnöten war, um die Gesellschaft – »das System« – nachhaltig zu verändern. Die Erkenntnis, dass die Veränderung der Gesellschaft letztendlich eine Frage von Macht und Gegenmacht sei, führte zum Umschlagen der Überzeugungen. An die Stelle von expressivem Protest und »gelebter Alternative« – Protesthaltungen, die ein typisches Produkt der Selbst-Befreiung in spontanen Massenbewegungen sind – traten nun konkrete Zielsetzungen, die zielgerichtetes, zweckrationales Handeln erforderten. Statt nur auf der Barrikade zu tanzen, ging es den politischen AktivistInnen nun darum, eine präzise Vorstellung über die tatsächliche Überwindung des Kapitalismus zu entwickeln und diesen Weg in die Tat umzusetzen.

Die Traditionslosigkeit der Neuen Linken, ihre Distanzierung von den klassischen Theorien der Befreiung, förderten die unkritische Adaption bestehender Ansätze. Entsprechend der Idealisierung der Praxis der antiimperialistischen

Kämpfe wurden auch deren Ideen relativ unkritisch übernommen. Dies beförderte Personenkult, Sektierertum und Dogmatismus, d.h. die Entkopplung der Strategie von eigener Erfahrung und lebendiger Weiterentwicklung.

Keine Theorie der Welt hätte Ende der Sechziger Jahre fertige Lösungen für die antikapitalistischen AktivistInnen geboten. Schließlich war die Entstehung der Massenuniversitäten ein neues Phänomen und die Rolle der Bewegungen in der Dritten Welt, die während des Kalten Krieges in einigen Fällen unter sozialistischen Fahnen kämpften, ein historisches Novum. Dennoch hätte ein frühzeitiger theoretischer Klärungsprozess, so er in unsektiererischer und offener Art und Weise stattgefunden hätte, möglicherweise Instrumente bereitgestellt, die neuen Realitäten zu deuten und zu einer konkreten Strategie zu finden.

Die unkritische Adaption radikaler Theorieansätze durch die späten SDS verweist zumindest auf die Bedeutung, die Ideologie in einer Massenbewegung erhalten kann. Die Verbindung des unmittelbaren Protestes mit langfristigen Zielen gesellschaftlicher Veränderungen ist nur mittels Theorien denkbar, die auf den Erfahrungen und den Deutungen basieren, die in vergangenen Debatten und vor allem Bewegungen entwickelt wurden. Strategien und Theorien, die in der Hitze des Gefechts entwickelt werden, sind unvollständig und anfällig für Verzerrungen durch die unmittelbaren Eindrücke der Akteure. Eine organischere Theorie der Veränderung hätte eventuell dazu beitragen können, dass ein stärkerer Transfer linker Organisationsansätze in die 70er gelungen wäre, was eine potenzielle Stärkung der Bewegungen zu Folge gehabt hätte, die ja mit dem Ende der SDS keinesfalls vorbei waren.

Organisation und Bewegung

Der kontinuierliche Wandel von Theorien und Strategien der Students for a Democratic Society drückt sich in einem permanenten Wandel ihres Selbstverständnisses aus. Die Form von politischen Organisationen bringt ihre Zielsetzungen und Herangehensweise zum Ausdruck. Bewegungsorganisationen wie die SDS sind zudem besonders stark von den Dynamiken des Protests beeinflusst. Sie entwickeln sich gemäß seiner Konjunkturen, nehmen Stimmungen und Einflüsse auf und entwickeln ihre Orientierung in Interaktion mit der Bewegung.

Unter dem Label »SDS« verbargen sich unterschiedliche Organisationsansätze. Anfangs waren die SDS ein Netzwerk von BewegungsaktivistInnen, für die die Organisation die Funktion hatte, bestehende Proteste über ihren unmittelbaren

Anlass hinauszuführen und für das Ziel grundsätzlicher Veränderungen zu gewinnen. In der ERAP-Phase zerstreute sich ein großer Teil der AktivistInnen in fast autarke Kollektive, die sich mit dem Widerspruch auseinandersetzten, eine Bewegung der Armen zu initiieren zu wollen, ohne in dieser eine Avantgarderolle einzunehmen.

Mit dem Ausbruch der Massenbewegungen wurden die SDS eine Organisation »mit einem anti-organisatorischen Impuls« (W. Breines). Die Organisation wurde mehr oder weniger eins mit der Protestbewegung; sie hatte, weil die Bewegung automatisch zu wachsen und zu florieren schien, keine klar umrissene Aufgabe. Entsprechend gab es weder eine Legitimation für eine kollektive Strategie, noch für jegliche Formen von verbindlichen Strukturen oder Führung. Prärie Power stellte nicht nur innerorganisatorische Hierarchien in Frage, sondern letztendlich auch den Sinn der Organisation selbst.

Ende der Sechziger Jahre wendete sich diese Haltung schließlich in ein extremes Avantgardeverständnis, bei dem demokratische Prinzipien mehr oder weniger über Bord geworfen wurden, da die Strategien der Organisation maßgeblich in einer zunehmend abgeschotteten Führung entwickelt und an die Basis heruntergereicht wurden, die sich in diesen Jahren zunehmend vom National Office entfernte.

Dieses Schwanken zwischen sich zum Teil widersprechenden Organisationsansätzen reflektiert den Wandel der Überzeugungen innerhalb der SDS. Sie entspringt aber auch der widersprüchlichen Rolle der SDS im Verhältnis zur Protestbewegung, die dazwischen hin und her schwankte, eine Avantgarde oder der repräsentative Querschnitt der Bewegung zu sein. Die SDS nahmen während ihrer gesamten Existenz faktisch eine Führungsrolle gegenüber der Protestbewegung ein. Sie wollten die Bewegung mit ihren Ideen beeinflussen, sie hatten im nationalen und lokalen Maßstab bedeutenden Anteil daran Proteste zu initiieren, und sie boten innerhalb der Proteste oft Orientierungen über den weiteren Weg: Forderungen, Ziele und taktische Schritte, an denen sich zumindest der radikalste Teil der Bewegung orientierte. Die SDS-Praxis in den Jahren 1966/67 ist voll von inspirierenden Beispielen, wie eine Wechselwirkung zwischen Protestorganisation und -bewegung (im begrenzten Raum der Universitäten) funktionieren kann. Die SDS waren organischer Teil der Proteste und spielten gleichzeitig eine in den meisten Fällen produktive und vorwärts weisende Rolle. Ihr wöchentlicher Newsletter, die New Left Notes, war ein offenes Forum der Mitgliedschaft, in denen Berichte von Protesten im ganzen Land und strategische Debattenbeiträge veröffentlicht und diskutiert wurden. Die Delegiertentreffen der SDS boten eine Plattform für den Austausch der Gruppen sowie eine Auseinandersetzung über den Kurs vor Organisation und Bewegung. Gleichzeitig waren die SDS mit bis zu 100.000 Mitgliedern eine unglaublich heterogene Organisation. Sie umfasste ab 1965 Mitglieder, die alle möglichen Schattierungen der Protestbewegung repräsentierten und vereinte AktivistInnen aus Universitäten, in denen sich Politisierung und Aktionsformen auf höchst unterschiedliche Art äußerten.

Diese Heterogenität und Ungleichzeitigkeit stellte das National Office vor eine ungeheure Aufgabe der Vermittlung. Eine gemeinsame Orientierung des Verbandes konnte nicht wie in Port Huron 1962 einfach nur in stundenlanger Debatte unter einem Kern der Organisation entwickelt werden, sondern sie hätte die unterschiedlichen Erfahrungen und Einstellungen in der Organisation aufnehmen müssen, um zu einer gemeinsamen Strategie zu finden. Im Idealfall könnte dies ein wechselseitiger Prozess sein, in dem die Orientierung der Organisation den praktischen Erfahrungen der Mitgliedschaft entspringen, die Leitung hingegen die Funktion hat, die Verallgemeinerung dieser Erfahrungen und deren Verdichtung in gemeinsamen Strategien auf Basis eines gemeinsamen Diskussions- und Entwicklungsprozesses zu fördern.

Die SDS schwenkten allerdings von einer basisdemokratischen Phase 1965/66, in der die Dezentralität der Organisation und unmittelbare Praxis alles zählten, in eine Phase der autoritären Reorganisation, in der ein lebendiger Diskussionsprozess zunehmend durch Vorgaben des National Office ersetzt wurde, die kaum mehr mit praktischen Erfahrungen korrespondierten, sondern maßgeblich mit den ideologischen Dispositionen der Leitung zu tun hatten. Es ist kein Zufall, dass die autoritäre Reorganisation ab 1968 in der Phase stattfindet, in der die SDS aufhören, sich auf die Mehrheit der Studierendenschaft zu beziehen. Der Kurs auf den unmittelbaren revolutionären Kampf in Zusammenarbeit und schließlich in Unterordnung unter die Black Panther Party und den Vietcong hatte begonnen. Es gab weder die Notwendigkeit, diesen Kurs aus einer breiten Basis der Mitgliedschaft zu entwickeln, noch auf die Mehrheit der Studierenden, die keine besondere Rolle mehr in der neuen Strategie spielten, einzuwirken. In dieser Zeit entkoppelten sich die SDS erstmals von der Stimmung der Studierenden, nachdem sie jahrelang ein authentischer Ausdruck ihres radikalsten Teils gewesen waren. Sie vergaben damit auch die Chance, politische Überzeugungsarbeit unter der Mehrheit der Studierendenschaft zu leisten. Schließlich verpassten sie in dieser

Zeit auch die Chance, von den Universitäten aus – in Auseinandersetzung mit den besten Teilen der außeruniversitären Linken – eine neue amerikanische Linke aufzubauen, die in der gesamten Gesellschaft verankert ist.

Das Verhältnis von Organisation und Bewegung ist seit jeher Thema hitziger Diskussionen innerhalb der Linken. Ist es möglich, Organisationen aufzubauen, die einerseits organischer Teil einer breiteren Bewegung sind und sie gleichzeitig, als Träger von historischen Erfahrungen, von Theorie und Strategie der Veränderung, in progressiver Art und Weise beeinflussen? Die Erfahrung der SDS in ihren besten Jahren sind ein inspirierendes Beispiel dafür, dass es sich zumindest lohnt, den Versuch dazu zu unternehmen!

Literaturverzeichnis

A) Originaldokumente

Davidson, Carl: Toward a Student Syndicalist Movement, or University Reform Revisited: http://www.antiauthoritarian.net/sds_wuo/sds_documents/student_syndicalism.html , gesehen am 21.03.2010.

Oglesby, Carl: Notes on a Decade Ready for the Dustbin, in: Liberation Aug/Sep 1969. Nachgedruckt in: The University Crisis Reader. Volume Two, hrsg. von: Starr, Paul und Wallerstein, Immanuel, New York und Toronto, S. 300 – 319. Piven, Frances Fox und Cloward, Richard A.: Aufstand der Armen, Frankfurt am Main 1986.

Potter, Paul: »Naming The System« Speech, gehalten auf der Demonstration gegen den Vietnamkrieg am 17.04.1965

Savio, Mario: Sit-in Address on the Steps of Sproul Hall, Savio, Mario: Savio, Mario: Sit-in Address on the Steps of Sproul Hall, Savio, Mario: Savio, Mario: Savio, Mario: gehalten während des Sit-ins an der Universität in Berkeley am 02.12.1964.

SDS: America and the New Era: http://archive.lib.msu.edu/DMC/AmRad/americanewera.pdf, gesehen am 21.30.2010.

SDS: The Port Huron Statement: http://www2.iath.virginia.edu/sixties/HTML_docs/Resources/Primary/Manifestos/SDS_Port_Huron.html , gesehen am 21.03.2010.

B) Sekundärliteratur

Bacciocco, Edward J. Jr.: The New Left in America. Reform to Revolution 1956 to 1970, Stanford 1974.

Bailey, George: The Rise and Fall of SDS, in: International Socialist Review 31 (Sep-Oct 1993), S. 32 – 41.

Barker, Colin / Johnson, Alan / Lavalette, Michael: Leadership matters: an introduction, in: Leadership and Social Movements, hrsg. von: Barker, Colin / Johnson, Alan / Lavalette, Michael, Manchester 2001, S. 1 – 23.

Breines, Wini: Community and Organization in the New Left 1962-1968, New Brunswick and London 1989.

Butollo, Florian; Kufferath, Philipp; Schalauske, Jan: 40 Jahre 1968. Die Rolle des SDS. Eine Organisation in Bewegung. Supplement der Zeitschrift Sozialismus 3/2008.

Columbia 68 Homepage: http://beatl.barnard.columbia.edu/columbia68/, gesehen am 21.03.2010.

Draper, Hal: Berkeley: The New Student Revolt, Alameda 2009 [1965].

Elbaum, Max: Revolution in the Air. Sixties Radicals turn to Lenin, Mao and Che, London und New York 2002.

Flacks, Richard: The New Left and American Politics After Ten Years, in: Journal of Social Issues 27, Nummer 1 (1971), S. 21-34.

Gilcher-Holtey, Ingrid: Die 68er Bewegung. Deutschland – Westeuropa – USA, München 2001.

Gitlin, Todd: Das doppelte Selbstverständnis der amerikanischen Studentenbewegung, in: 1968 – vom Ereignis zum Gegenstand der Geschichtswissenschaft, hrsg. von Gilcher-Holtey, Ingrid, Göttingen 1998, S. 56 – 63.

Gitlin, Todd: The Whole World is Watching. Mass Media in the Making & Unmaking of the New Left, Berkeley, Los Angeles und London 1980.

Halstead, Fred: Out Now! A Participant´s Account of the Movement in the United States against the War, New York, London, Montreal und Sydney, 1991[2].

Hartung, Klaus: Versuch die Krise der antiautoritären Bewegung wieder zur Sprache zu bringen, in: Kursbuch 48 (Juni 1977), S. 14-43.

Harman, Chris: The Fire Last Time. 1968 and After, London, Chicago und Sydney 1998 [1988].

Hayden, Tom: Reunion. A Memoir, New York und Toronto 1988.

Juchler, Ingo: Die Studentenbewegung in den Vereinigten Staaten und der Bundesrepublik Deutschland der 60er Jahre. Eine Untersuchung hinsichtlich ihrer Beeinflussung durch Befreiungsbewegungen und -theorien aus der Dritten Welt. (= Beiträge zur politischen Wissenschaft; Band 86), Berlin 1996.

Juchler, Ingo: Rebellische Subjektivität und Internationalismus. Der Einfluß Herbert Marcuses und der nationalen Befreiungsbewegungen der sog. Dritten Welt auf die Studentenbewegung der BRD, Marburg 1989.

Kimmel, Michael: Studentenbewegungen der 60er Jahre. Frankreich, BRD, USA im Vergleich, Wien 1998.

Kleemann, Susanne: Ursachen und Formen der amerikanischen Studentenopposition, Frankfurt am Main 1971.

Miller, Frederick D.: The End of SDS and the Emergence of Weatherman: Demise Through Success, in: Social Movements in the Sixties and Seventies, hrsg. von: Freeman, Jo, New York und London 1983, S. -279-297. S. 284.

Miller, James: »Democracy is in the Streets«. From Port Huron to the Siege of Chicago, New York 1987.

Oglesby, Carl: Notes on a Decade Ready for the Dustbin, in: Liberation Aug/Sep 1969. Nachgedruckt in: The University Crisis Reader. Volume Two, hrsg. von: Starr, Paul und Wallerstein, Immanuel, New York und Toronto, S. 300 – 319. Piven, Frances Fox und Cloward, Richard A.: Aufstand der Armen, Frankfurt am Main 1986.

Ross, Robert J.: Generational Change and Primacy Groups in a Social Movement, in: Freeman, Jo (Hg.), Social Movements in the Sixties and Seventies, New York und London 1983. S. 177 – 189.

Rudd, Mark, Underground. My Life with SDS and The Weathermen, New York 2009

Rothstein, Richard: Evolution of the ERAP Organizers, in: The New Left. A Collection of Essays, hrsg. von: Long, Priscilla, Boston 1969. S. 272 – 288.

Sale, Kirkpatrick: SDS, New York 1973.

Teodori, Massimo: The New Left: A Documentary History, Indianapolis, New York, Kansas City 1969.

Vickers, George R.: The Formation of The New Left. The Early Years, Lexington, Toronto und London 1975.

Where it's at [Hg.], Die Fraktionierung der amerikanischen SDS, Berlin 1970.

Zald, Mayer N. und Ash, Roberta: Social Movement Organizations: Growth, Decay, and Change, in: Social Forces 44 (1965-1966), S. 327-341.

Anmerkungen

1   Zitiert in Sale, Kirkpatrick: SDS, New York 1974 [1973] S. 16.
2   Sale, K., S. 543.
3   Das gesamte Port Huron Statement ist online verfügbar unter: http://www2.iath.virginia.edu/sixties/HTML_docs/Resources/Primary/Manifestos/SDS_Port_Huron.html
4   Siehe folgende Darstellungen über die Bedeutung der Bürgerrechtsbewegung für die Entstehung der Proteste an den Universitäten: Flacks, Richard: The New Left and American Politics After Ten Years, in: Journal of Social Issues 27, 1 (1971), S. 21-34. und Miller, James: »Democracy is in the Streets«. From Port Huron to the Siege of Chicago, New York 1987, S. 56-61.
5   Darstellungen über die frühe Formierungsstrategie der SDS finden sich u.a. in: Bacciocco, Edward J. Jr.: The New Left in America. Reform to Revolution 1956 to 1970, Stanford 1974, S. 109-174; Flacks, R.; Miller, J.; Sale, K., S. 15-70 und Vickers, George: The Formation of the New Left. The Early Years, Lexington, Toronto und London 1975. Alle Angaben über die Mitgliederzahlen der SDS stammen aus Sale, K., S.663.

Mitgliederzahlen der SDS (1960-1969)

	Aktive in Lokalgruppen	eingetragene Mitgl.	Gruppen
Dez 1960	250	8	
Nov 1961	575	20	
Mai 1962	800	10	
Juni 1963	1.100	600	9
Juni 1964	k.A.	1.000	29
Juni 1965	3.000	2.000	80
Juni 1966	15.000	6.000	172
Juni 1967	30.000	6.371	247
Juni 1968	40.000 – 100.000	k.A.	350
Juni 1969	30.000 – 100.000	k.A	300

6   Zitiert in: Miller, J., S. 103.
7   Richard Flacks, zitiert in: Vickers, G., S. 74.
8   Miller, J., S. 71.
9   Online verfügbar unter: http://archive.lib.msu.edu/DMC/AmRad/americanewera.pdf
10 Darstellungen und Einschätzungen der ERAP-Phase der SDS finden sich u.a. in:
    Breines, Wini: Community and Organisation in the New Left 1962-1968, New Brunswick and London 1989 [1982], S. 123-149.
    Rothstein, Richard: Evolution of the ERAP Organizers, in: The New Left. A Collection of Essays, hrsg. von: Long, Priscilla, Boston 1969. S. 272-288. S. 283f.
    Sale, K., S. 95-115 und 131-150.
11 Die Rede und sogar ein sehenswertes Video der Rede ist online verfügbar unter: http://www.americanrhetoric.com/speeches/mariosaviosproulhallsitin.htm

12 Draper, Hal: Berkeley: The New Student Revolt, Alameda 2009 [1965].
13 Sale, K., S. 21.
14 Breines, W., S. 22-35.
15 Harman, Chris: The Fire Last Time. 1968 and After, London, Chicago und Sydney 1998 [1988], S. 64f.
16 Die gesamte Rede ist verfügbar unter: http://www.sdsrebels.com/potter.htm
17 So die eigene Aussage von Paul Potter, zitiert in: Halstead, Fred: Out Now! A Participant's Account of the Movement in the United States against the War, New York, London, Montreal und Sydney, 1991 [1978], S. 43.
18 Zitiert in: Sale, S. 287.
19 Zitiert in: Gitlin, Todd: The Whole World is Watching. Mass Media in the Making & Unmaking of the New Left, Berkeley, LosAngeles und London 1980, S. 130.
20 Vickers, G., S. 119.
21 Miller, J., S. 150.
22 Gitlin, T., S. 131.
23 Breines, W., S. 43.
24 Breines, W., S. 50.
25 Gitlin, T., S. 130.
26 Sale, K., S. 247f.
27 Zu den verschiedenen Formen und der politischen Rolle der Gegenkultur siehe Schmidtke, Michael: Der Aufbruch der jungen Intelligenz. Die 68er Jahre in der Bundesrepublik und den USA, S. 109-123.
28 Halstead, F., S. 40, 89, 283 und 289.
29 Zitiert in Sale, S. 305.
30 Diese wie auch die folgenden Beispiele des Protests basieren auf der Darstellung von Sale (Chicago: S. 256-261; Berkeley: S. 301f.; Oakland: S. 375-379; Wisconsin: S. 369-374; Marsch auf das Pentagon: 383-386). Das Beispiel der Blockade des Flughafens durch die Studierenden des San Fernando State Colleges ist dem Film »Rebels With a Cause« entnommen.
31 Zitiert in: Sale, K., S. 374.
32 Das Papier ist online verfügbar unter: http://www.antiauthoritarian.net/sds_wuo/sds_documents/student_syndicalism.html
33 New Left Notes, 23. September 1966.
34 Eine gute analytische Darstellung der New Working Class Theory und ihrer verschiedenen theoretischen Stränge findet sich in Breines, W., S. 96 – 114.
35 Eine starke Betonung dieses Zusammenhangs findet sich in Vickers, G., S. 108-136.
36 Breines, W., S. 115-119, Sale, K., S. 387-394.
37 Zur Têt-Offensive und ihrer Wirkung siehe Neale, Jonathan: Vietnam 1960-1975. The American War, London 2005 [2001], S. 92-99.
38 Vgl. die Darstellungen des Streiks an der Columbia Universität: Rudd, M., S. 38-116; Sale, S. 430-446 und die materialreiche website des Columbia Professors Rovert Mc Caughey: http://beatl.barnard.columbia.edu/columbia68/
39 Zitiert in: Sale, K., S. 447.
40 Sale, K., S. 479.
41 Die Wendung der Neuen Linken in den USA zum Dritte Welt Marxismus wird u.a. analysiert in: Breines, W., S. 114-122; Elbaum, Max: Revolution in the Air. Sixties Radicals turn to Lenin, Mao und Che, London und New York 2002; Friedman, Samuel R.: »Mass Organizations and

Sects in the American Student Movement and its Aftermath«, in: Humboldt Journal of Social Relations 12:1 (Fall/Winter 84/85), S. 1-23), S. 5-13; und Juchler, Ingo: Studentenbewegung in den Vereinigten Staaten und der Bundesrepublik Deutschland der sechziger Jahre. Eine Untersuchung hinsichtlich ihrer Beeinflussung durch Befreiungsbewegungen und -theorien aus der Dritten Welt, Berlin 1996.
42   Sale, S. 457. Für den Herbst 1970 gibt dieselbe Studie die Zahl von 1.170.000 Revolutionären an.
43   Juchler, I., S. 339, Sale, K., S. 489-492.
44   Vgl. die Darstellung des Konfliktes in Sale, S. 488-492.
45   Zur Entwicklung der Progressive Labor Party vgl. Bacciocco, E. und Sale, K.
46   Sale, S. 466.
47   Sale, K., S. 513-516.
48   Juchler, I., S. 300-305, Rudd, Mark: Underground. My Life with SDS and The Weathermen, New York 2009, S. 38-116, Sale, K., S. 430-441.
49   Juchler, I., S. 306-312.
50   Sale, K., S. 541-555
51   Zitiert in Sale, K., S. 545
52   Vgl. die Darstellungen von Bacciocco, E., S. 220-226, Sale, K., S. 557-574 und Where it's at [Hg.], Die Fraktionierung der amerikanischen SDS, Berlin 1970.
53   Sale, K., S. 569.
54   Sale, K., S. 574. Die Zahlen über die Spaltung variieren stark, je nach den Sympathien der jeweiligen BerichterstatterInnen. Siehe auch die Diskussion von Sale am selben Ort.
55   Vgl. u.a. die Autobiographie des SDS-Führers Mark Rudd, eines späteren Protagonisten von Weather Underground: Rudd, M.
56   Sale, K., S. 620
57   Eine in den Darstellungen über die Folgezeit weitgehend vernachlässigte Erscheinung ist die so genannte Neue Kommunistische Bewegung, die aus verschiedenen Organisationen bestand, in denen insgesamt wohl über 10.000 Mitglieder aktiv waren. Auch diese Organisationen verfügten aber kaum über eine derartige Hegemonie in der (studentischen) Bewegung, wie sie die SDS ab Mitte der Sechziger Jahre besessen hatten. Vgl. Elbaum, M
58   Dies trifft zum Beispiel auf die Werke von , Todd Gitlin, James Miller und Tom Hayden zu. Vgl. die Kritik von Wini Breines an diesen Darstellungen: Breines, W. S. xvi. sowie die Auseinandersetzung darüber in Elbaum, M., S. 59-90.

Ergänzungen

Die Kuba-Krise

Amerikanische Aufklärungsflugzeuge hatten im Oktober 1962 von der UDSSR stationierte Atomraketen auf Kuba entdeckt. Die US-Regierung forderte den Abzug der Raketen, verhängte eine Seeblockade gegen Kuba und schloss explizit einen atomaren Erstschlag nicht aus. Das Kräftemessen zwischen den Atommächten endete am 29. Oktober mit dem Abzug der Atomsprengköpfe durch die Sowjetunion

Vom Hochschulverband zur Gesamtlinken: Parallelen in den USA und Deutschland

Den Sozialistische Deutsche Studentenbund und die Students for a Democratic Society verbindet außer dem Zufall, dass die Verbände beide unter dem Akronym „SDS" bekannt waren, eine erstaunliche Reihe von Gemeinsamkeiten. Beide Organisationen wurden zum Kristallisationspunkt der studentischen Proteste und machten in ihrer Geschichte einen Wandel von relativ gemäßigten Studierendenverbänden hin zu revolutionären und radikal agierenden Organisationen durch. Eine bedeutende Station auf diesem Weg ist die Entfremdung von liberal-sozialdemokratischen Ideen und der parlamentarischen Praxis. Der deutsche SDS war ursprünglich der Studierendenverband der SPD, aus der er schon 1961 ausgeschlossen wurde. Diese Trennung war, genau wie jene in den USA, für die Mitglieder zunächst ein Schock. Er zwang beide Organisationen jedoch jeweils zur Selbständigkeit und zu einer politischen Umorientierung. Statt auf eine Linksentwicklung der SPD bzw. der Demokratischen Partei einzuwirken, musste nun eine eigenständige Strategie entwickelt werden. Statt Studierendenverband einer Mutterorganisation zu sein, versuchten die Organisationen, einen Weg zum Aufbau einer neuen Linken in der Gesellschaft zu entwickeln. Letzteres, das Verhältnis zwischen Studierenden und Subjekten der Veränderung außerhalb der Universitäten, war die kardinale Fragestellung der Organisationen während ihrer gesamten Entwicklung. Sie gewinnt mit der erzwungenen Trennung von dem liberal-sozialdemokratischen Schoss erstmals an Brisanz.

Rebellion an der Columbia Universität

Der Streik an der prestigeträchtigen Columbia Universität in New York, über dessen Verlauf intensiv in Fernsehen und Tagespresse berichtet wurde, stellte in seiner Dauer, Größe und Intensität eine neue Qualität dar. Im Streik übernahmen erstmals schwarze Studierende die Initiative, indem sie als erste ein Universitätsgebäude besetzten. Die SDS spielten eine wichtige Rolle dabei, die Bewegung auszuweiten und prägten sie nachhaltig. Die Universität war tief in die Entwicklung von Waffensystemen und Methoden der Kriegsführung verwickelt. Außerdem plante sie den Bau einer Turnhalle auf dem Gelände eines angrenzenden Parks in Harlem. Dabei handelte es sich um eine Aneignung der Fläche in dem von Afroamerikaner/-innen bevölkerten Stadtteil. Der Entwurf sah außerdem vor, dass die Anwohner ausschließlich die untere Etage nutzen durften – eine faktische Teilung zwischen schwarzer Unterschicht und weißen Privilegierten, die an die Jim Crow-Gesetze zur Rassensegregation im amerikanischen Süden erinnerte (die Protestierenden nannten die Halle daher Gym Crow). Die Universitätsleitung ließ die Forderungen der Studierenden abprallen. Diese besetzten für über eine Woche mehrere Gebäude, unter anderem das Büro des Rektors, aus dem Belege für die Verbindungen zwischen Militär und Universität entfernt und veröffentlicht wurden.
Die Leitung ließ die besetzten Institute mehrmals mittels brutaler Polizeieinsätze räumen. Dennoch konnte der Lehrbetrieb für den Rest des Semesters nicht wieder aufgenommen werden, da die Studierenden die Seminare bestreikten.
Der Konflikt, in dem schwarze Studierende erstmals eine zentrale und eigenständige Rolle spielten und der von vielen Einwohnern Harlems unterstützt wurde, offenbarte die tiefe Kluft zwischen den Eliten des Landes und den Zielen des Protestes – eine Tatsache, die viele der AktivistInnen dazu brachte, die Universität in ihrer kapitalistischen Rolle und das System grundsätzlich abzulehnen.

Dritte-Welt-Marxismus

Die Entstehung und Verbreitung des sogenannten Dritte-Welt-Marxismus hatte ihren Ursprung darin, dass die nationalen Befreiungskämpfe von kommunistischen Parteien angeführt wurden. Diese Ausprägung des Marxismus unterschied sich von der klassischen Variante dadurch, dass nicht die Arbeiterklasse zum entscheidenden Träger der revolutionären Umwälzung erklärt wurde. Der Befreiungskampf in den betreffenden Ländern war tatsächlich von anderen

Kräften als der Arbeiterbewegung getragen: In Kuba stürzte eine verhältnismäßig kleine Gruppe von Guerilleros das Batista-Regime, in China hatte Mao Zedong seine Armee unter Bauern rekrutiert, und in Vietnam kämpfte ein unterdrücktes „Volk" gegen den US-Imperialismus. Und weil die Arbeiterbewegung auch in den industrialisierten Ländern in den beiden Jahrzehnten nach dem Zweiten Weltkrieg paralysiert bzw. materiell integriert schien, hatte der klassische Marxismus an Anziehungskraft verloren. Noch dazu hatte sich die UdSSR als traditioneller Bezugspunkt der alten Linken für viele mit dem Einmarsch russischer Panzer nach Prag 1968 diskreditiert.

Die wichtigsten Referenzpunkte für die Strömung des Dritte-Welt-Marxismus in den USA waren Vietnam, China und Kuba. Die vietnamesische Befreiungsarmee wurde als Verbündete im Kampf gegen den gemeinsamen Feind (den amerikanischen Imperialismus) gesehen. Kuba galt in diesem Kontext als erfolgreicher David gegen den Goliath USA. China gab vor, mit seiner „Kulturrevolution" eine Bewegung für einen freiheitlichen und demokratischen Sozialismus eingeleitet zu haben und grenzte sich von der UdSSR ab. Zudem war China der wichtigste Unterstützer für Vietnams Befreiungsarmee. Auch sprachen sich sowohl der kubanische Präsident Fidel Castro als auch der chinesische kommunistische Führer Mao Zedong wiederholt für die Solidarität mit den unterdrückten AfroamerikanerInnen in den USA aus.

Statistiken

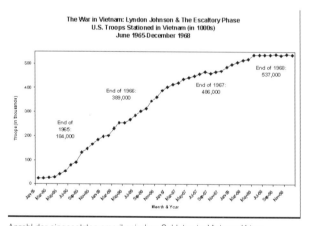

Anzahl der eingesetzten amerikanischen Soldaten im Vietnam-Krieg

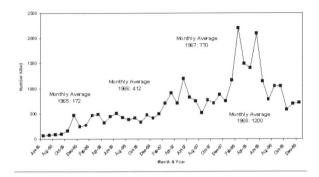

Anzahl der getöteten amerikanischen Soldaten im Vietnam-Krieg

Mississippi Viet Nam

FREEDOM is the same ALL OVER

– sds –

COLUMBIA LIBERATED

50¢

REVISED

Published by the Columbia Strike Coordinating Committee

THE PORT HURON STATEMENT

... we seek the establishment of a democracy of individual participation governed by two central aims: that the individual share in those social decisions determining the quality and direction of his life; that society be organized to encourage independence in men and provide the media for their common participation ...

Students for a Democratic Society

35¢

Studenten für eine demokratische Gesellschaft (SDS)
Port Huron Erklärung, 1962

Einführungsnotiz

Dieses Dokument repräsentiert die Resultate mehrerer Monate des Schreibens und der Diskussion unter den Mitgliedern. Es ist ein Entwurfspapier, das noch einmal überarbeitet wurde durch das Nationale Versammlungstreffen der SDS (Students for a Democratic Society) vom 11. bis 15. Juni 1962 in Port Huron, Michigan. Es ist ein Dokument, mit dem die SDS sich offiziell identifizierten, aber als lebendiges Dokument, ebenso offen für Veränderungen durch unsere Zeit und unsere Erfahrung. Es ist ein Anfang: in unserer internen Debatte und Ausbildung wie auch in unserem Dialog mit der Gesellschaft.

Einführung: Agenda für eine Generation

Als Angehörige dieser Generation, die wir in zumindest bescheidenem Wohlstand aufgewachsen sind und uns nun an den Universitäten befinden, betrachten wir die uns vermachte Welt mit Unbehagen.

Als wir Kinder waren, galten die Vereinigten Staaten als das reichste und stärkste Land der Erde, das einzige Land mit der Atombombe, welches am wenigsten durch den modernen Krieg erschreckt war. Sie waren der Initiator der Vereinten Nationen, von denen wir erwarteten, dass sie den westlichen Einfluss überall auf der Welt verbreiten würden. Frieden und Gleichheit für alle, Regierung durch und für das Volk – diese amerikanischen Werte begriffen wir als gute Prinzipien, mit denen wir menschlich leben konnten. Viele von uns wuchsen in Selbstgefälligkeit auf. Als wir älter wurden, drangen in unsere Behaglichkeit Ereignisse, die zu verstörend waren, als dass man sie hätte beiseite schieben können.

Die Tatsache menschlicher Erniedrigung, sichtbar geworden durch den Kampf des Südens gegen rassistische Bigotterie, brachte eine Vielzahl von uns dazu, unser Schweigen zu brechen und aktiv zu werden. Das zweite Ereignis war der Kalte Krieg, symbolisiert durch die Atombombe und die Tatsache, dass wir, unsere Freunde und Millionen von Menschen jederzeit vernichtet werden können.

Wir können andere Probleme absichtlich ignorieren oder beiseite schieben, aber nicht diese beiden Ereignisse, denn sie sind in ihren Auswirkungen so stark und vernichtend, dass sie uns zwingen, die Verantwortung für die Lösung dieser Probleme zu übernehmen.

Während diese und andere Probleme uns die Unterdrückung spüren ließen, sahen wir komplexe Paradoxa in der amerikanischen Gesellschaft. Die Erklärung »Alle Menschen sind gleich...« klingt hohl in Anbetracht der Situation der Schwarzen im Süden und den Großstädten im Norden. Die proklamierten friedvollen Absichten der USA widersprachen den wirtschaftlichen und militärischen Investitionen in den Status quo des Kalten Krieges.

Es gibt noch weitere Widersprüche. Mit Nuklearenergie könnten ganze Städte einfach mit Energie versorgt werden, dennoch ist es wahrscheinlicher, dass die führenden Staaten der Welt die größte Zerstörung in der Menschheitsgeschichte verursachen werden.

Obwohl unsere eigene Technologie Altes zerstört und neue Formen von sozialen Organisationen generiert, tolerieren die Menschen immer noch bedeutungslose Arbeit und Untätigkeit. Während zwei Drittel der Menschheit an Unterernährung leiden, feiert unsere Oberschicht inmitten von sinnlosem Überfluss. Obwohl sich die Weltbevölkerung in vierzig Jahren verdoppeln wird, akzeptieren die Nationen immer noch Anarchie als Hauptprinzip im internationalen Umgang und die unkontrollierte Ausbeutung der Ressourcen. Obwohl die Menschheit dringend eine revolutionäre Führung braucht, verweilt Amerika in einem nationalen Stillstand. Seine Ziele sind zweifelhaft und traditionsgebunden statt klar und offen. Unser demokratisches System ist eher apathisch und manipuliert, statt »für und durch das Volk.«

Wir sahen nicht nur, dass die so genannten amerikanischen Tugenden voller Schmutz waren, und wir wurden nicht nur desillusioniert, als wir die Scheinheiligkeit der amerikanischen Ideale entdeckten, sondern wir begannen auch zu verstehen, dass das amerikanische goldene Zeitalter tatsächlich das Ende einer Ära war.

Die weltweite Revolution gegen Kolonialismus und Imperialismus, die Verschanzung der totalitären Systeme, die Kriegsgefahr, Überbevölkerung, internationales Chaos, Supertechnologien – diese Trends waren eine Prüfung für unsere eigene Verpflichtung gegenüber Demokratie und Freiheit und diese in einer Welt zu implementieren, die sich im Umbruch befindet.

Unsere Arbeit wird von dem Bewusstsein geleitet, dass wir vielleicht die letzte Generation im Experiment Leben sind. Aber wir sind eine Minderheit. Die breite Mehrheit der Menschen betrachtet das temporäre Gleichgewicht unserer Welt als ständige Tatsache. Das ist vielleicht das stärkste Paradox: Wir sind angetrieben von der Notwendigkeit zur Veränderung, aber unsere Gesellschaft vermittelt den Eindruck, dass es keine Alternative zu den bestehenden Verhältnissen gibt. Überlagert von den beruhigenden Reden unserer Politiker, der weit verbreiteten Meinung, dass Amerika da schon »durchkommt« und der Stagnation derer, die ihre Hoffnung auf eine Zukunft begraben haben, liegt das durchdringende Gefühl zu Grunde, dass es einfach keine Alternative gibt und wir nicht nur Zeugen vom Ende einer Utopie werden, sondern auch keine neuen Aufbrüche erleben werden. Die Menschen haben Angst vor dem Gedanken, dass die Dinge außer Kontrolle geraten könnten, denn sie fühlen den Druck auf die Leere in ihrem Leben. Sie fürchten Veränderungen, denn Veränderung könnte das unsichtbare Gerüst zerstören, welches scheinbar das Chaos im Zaum hält. Den meisten Amerikanern sind Kreuzzüge suspekt; sie fühlen sich bedroht. Jeder sieht die Apathie im Verhalten seiner Mitmenschen und dies fördert die Zurückhaltung bei der Organisation eines Aufbruchs.

Die herrschenden Institutionen sind komplex genug, die Gedanken ihrer potentiellen Kritiker abstumpfen zu lassen, und so tief verwurzelt, dass sie Energien für Protest und Reformen umleiten oder vollständig verpuffen lassen können, und somit die Erwartungen der Menschen einengen. Hinzu kommt: Wir leben in einer materiell verbesserten Gesellschaft und gerade unsere eigenen Errungenschaften scheinen unser Streben nach weiteren Veränderungen zu lähmen. Einige wollen uns glauben machen, dass die Amerikaner Zufriedenheit inmitten des Wohlstands fühlen – aber ist das nicht eher eine Kaschierung der tief empfundenen Sorgen über ihre Rolle in der neuen Welt?

Und wenn diese Ängste eine Gleichgültigkeit gegenüber menschlichen Angelegenheiten auslösen, lösen sie dann nicht auch eine Sehnsucht zu glauben aus, dass es eine Alternative zu den gegenwärtigen Verhältnissen gibt – das etwas getan werden kann, um die Verhältnisse in der Schule, am Arbeitsplatz, in der Bürokratie und Regierung zu verändern? Wir richten unseren Appell an dieses Sehnsuchtsgefühl, das der Funke und der Motor für Veränderung sein kann. Die Suche nach wirklichen demokratischen Alternativen zum bestehenden System und die Bereitschaft zu sozialen Experimenten ist eine würdige und erfüllende Aufgabe, eine die uns und viele andere heute bewegt

Auf dieser Basis bieten wir Ihnen dieses Dokument unserer Überzeugungen und Analyse an: Es ist ein Versuch, die Lebensbedingungen der Menschen im späten zwanzigsten Jahrhundert zu verstehen und zu ändern. Ein Versuch, der tief verwurzelt ist in der alten, noch nicht erfüllten Auffassung, dass es der Mensch ist, der die Umstände seines Lebens beeinflussen und bestimmen kann.

Werte

Werte deutlich machen – ein erster Schritt auf der Suche nach Alternativen – ist ein Vorgang, der entwertet und korrumpiert wurde. Die konventionellen Moralvorstellungen der Zeit, die Wertvorstellungen von Politikern – »Freie Welt«; »Volksdemokratie« – reflektieren nicht die Realität und scheinen eher herrschende Mythen als deskriptive Prinzipien zu sein. Jedoch hat uns unsere Erfahrung an den Universitäten auch keine moralische Erleuchtung gebracht. Unsere Professoren und Hochschulverwaltungen sorgen dafür, dass kontroverse Diskussionen der Öffentlichkeitsarbeit geopfert werden. Ihre Lebensläufe ändern sich langsamer als die Vorgänge in der Welt. Ihre Fähigkeiten und ihr Schweigen werden von Investoren des Wettrüstens erkauft. Leidenschaft wird als nicht-akademisch betrachtet.

Die Fragen, die wir stellen – Was ist wirklich wichtig? Können wir auf eine andere, bessere Art leben? Was müssen wir tun, um die Gesellschaft zu verändern? – werden als nicht fruchtvoll und nicht empirischer Natur angesehen und somit vom Tisch gewischt. Im Gegensatz zu Jugendlichen in anderen Ländern sind wir an die moralische Führung, die von Älteren ausgeübt wird, gewohnt. Jedoch erscheinen uns heute nicht einmal die liberalen und sozialistischen Predigten der Vergangenheit geeignet, um die Formen der Gegenwart zu kritisieren. Betrachten wir die alten Parolen: »Der Kapitalismus kann sich nicht selbst reformieren«; »Vereinte Front gegen Faschismus«; »Generalstreik«; »Alle auf die Strasse am 1. Mai.« Oder, neuere Parolen: »Keine Zusammenarbeit mit Kommunisten und Mit-

Studenten für eine demokratische Gesellschaft (SDS) · Port Huron Erklärung (1962)

läufern«; »Die Ideologien sind erschöpft«; »Überparteilichkeit«; »Keine Utopien.« Die Aufzählung ist unvollständig und es gibt wenig neue Propheten. Es wurde gesagt, dass unsere liberalen und sozialistischen Vorgänger von Visionen ohne Programm geplagt wurden, während unsere eigene Generation von Programmen ohne Visionen geplagt wird. Um uns herum gibt es ein gutes Verständnis von Methode, Technik, dem Komitee, der Ad-hoc-Gruppe, den Lobbyisten und Machern. Aber wenn wir deren Kompetenzen kritisch hinterfragen, sind sie inkompetent, ihre impliziten Ideale darzustellen.

Es ist sehr in Mode gekommen, sich durch alte Kategorien, oder durch Nennung eines angesehenen Politikers, oder durch Erklärungen, »wie wir abstimmen würden« zu identifizieren.

Theoretisches Chaos hat das alte idealistische Denken ersetzt und, unfähig eine theoretische Ordnung wiederherzustellen, hat die Menschheit den Idealismus an sich verdammt. Der Zweifel hat Hoffnung ersetzt – und Menschen handeln aus einem Defätismus heraus, den sie Realismus nennen. Der Niedergang der Utopie und Hoffnung ist in der Tat eines der bestimmenden Merkmale des sozialen Lebens heute.

Die Gründe sind vielfältig: Die Träume der älteren Linken wurden vom Stalinismus pervertiert und nie wiederbelebt; die Pattsituation im Kongress versperrt die Sicht auf das Mögliche; die Spezialisierung der menschlichen Tätigkeit lässt wenig Spielraum für weitreichendes Denken; die Schrecken des zwanzigsten Jahrhunderts, symbolisiert in den Gasöfen, Konzentrationslagern und Atombomben haben Zuversicht und Hoffnung zerstört. Ideale werden als apokalyptisch und zerstörerisch angesehen. Im Gegensatz dazu wird das Fehlen von ernsthaftem Streben als kompromisslos begriffen. Deshalb ist uns bewusst, dass wir uns einen schlechten Ruf einhandeln, wenn wir die Verfolgung sozialer Ziele und Werte vorschlagen.

Vielleicht durch die Vergangenheit gereift, haben wir keine sicheren Formeln, keine geschlossenen Theorien – aber das bedeutet nicht, dass Werte nicht diskutiert werden müssten und vorsichtig festgelegt werden sollten. Eine erste Aufgabe jeder sozialen Bewegung ist es, Menschen zu überzeugen, dass die Suche nach Orientierung und Theorien, sowie die Schaffung von menschlichen Werten komplex, aber lohnend ist. Wir sind uns bewusst, dass wir die konkreten Bedingungen der sozialen Ordnung analysieren müssen, um Plattitüden zu vermeiden. Eine solche Analyse muss den Wegweisern der Grundprinzipien folgen. Unsere eigenen sozialen Werte beinhalten Vorstellungen von Menschen, menschlichen Beziehungen und sozialen Systemen.

Wir betrachten die Menschen als unendlich kostbar und voller ungenutzter Kapazitäten für Vernunft, Freiheit und Liebe.

Mit der Bekräftigung dieser Grundsätze wirken wir bewusst den vorherrschenden Konzepten des Menschen im zwanzigsten Jahrhundert entgegen, nämlich eine Sache zu sein, die manipuliert werden kann, von Natur aus unfähig, seine eigenen Angelegenheiten zu steuern. Wir widersetzen uns der Entpersönlichung, die Menschen auf den Status von Dingen reduziert – wenn überhaupt etwas, lehren die Brutalitäten des zwanzigsten Jahrhunderts, dass Mittel und Zweck eng miteinander verbunden sind, vage Appelle an die »Nachwelt« rechtfertigen nicht die Verstümmelungen der Gegenwart.

Wir lehnen auch die Lehre von der menschlichen Unfähigkeit ab, weil sie im wesentlichen auf der Tatsache beruht, dass Menschen in ihre Inkompetenz manipuliert wurden – wir sehen wenig Grund, warum Menschen nicht in der Lage sein sollten, ihre Fähigkeiten zu entwickeln und so der Komplexität und der Verantwortung ihrer Situation gerecht zu werden. Vorausgesetzt die Gesellschaft wird nicht für eine Minderheit, sondern für die Mehrheit organisiert, und die Menschen sind an den Entscheidungsprozessen beteiligt.

Menschen haben ungenutzte Potenziale für Bildung, Selbststeuerung, Selbstverständnis und Kreativität. Es ist dieses Potential, das wir als entscheidend betrachten und an das wir appellieren, nicht an das menschliche Potential für Gewalt, Unvernunft und Unterwerfung. Das Ziel des Menschen und der Gesellschaft sollte Unabhängigkeit sein: kein populäres Anliegen, aber die Suche nach einem Sinn im Leben, die persönlich und verbindlich ist, eine Qualität des Geistes, der nicht zwanghaft von einem Gefühl der Ohnmacht getrieben ist und gedankenlos Statuswerte übernimmt, sondern eine, die vollen, spontanen Zugang zu gegenwärtigen und vergangenen Erfahrungen hat und die zersplitterten Teile der persönlichen Geschichte vereint; eine Qualität, die beunruhigenden und ungelösten Problemen offen gegenüber steht mit einer intuitiven Wahrnehmung von Möglichkeiten, einem aktiven Sinn der Neugier mit der Fähigkeit und Bereitschaft zu lernen.

Diese Art der Unabhängigkeit bedeutet keineswegs egoistischen Individualismus – es geht nicht darum, den eigenen Weg durchzusetzen, sondern vielmehr, einen Weg zu gehen, der der eigene ist. Es geht auch nicht darum, die Menschen zu vergöttern – wir haben lediglich Vertrauen in das menschliche Potenzial. Menschliche Beziehungen sollten Brüderlichkeit und Ehrlichkeit beinhalten. Die gegenseitige Abhängigkeit der Menschen ist eine Tatsache; Brüderlichkeit unter den Menschen ist gewollt, eine Bedingung für das Überleben und die adäquateste

Studenten für eine demokratische Gesellschaft (SDS) · Port Huron Erklärung (1962)

Form der sozialen Beziehungen. Persönliche Beziehungen von Mensch zu Mensch sind erforderlich, insbesondere müssen diese über die partielle und fragmentarische Beziehung von Arbeitnehmer zu Arbeitnehmer, Arbeitgeber und Arbeitnehmer, Lehrer zu Schüler, Amerikaner zu Russen hinausgehen.

Einsamkeit, Entfremdung, Isolation beschreiben heute die große Distanz zwischen den Menschen. Diese vorherrschenden Tendenzen können weder durch eine bessere Mitarbeiterführung überwunden werden noch durch bessere Geräte, sondern nur durch menschliche Zuneigung und die Überwindung des Götzendienstes für die Dinge durch den Menschen. Unser Individualismus ist kein Egoismus und unsere Selbstlosigkeit hat nichts mit Selbstaufgabe zu tun. Im Gegenteil, wir glauben an eine Großzügigkeit, die die Spuren jedes Einzelnen im Verhältnis zu anderen Menschen und zu allem menschlichen Tun hinterlässt. Wir lehnen Isolierung ab, was aber nicht die Abschaffung der Privatsphäre bedeutet.

Wir ersetzen Macht, die sich aus Besitz, Privileg oder Umstand legitimiert, durch Macht und Einzigartigkeit, die verwurzelt ist in Liebe, Nachdenklichkeit, Vernunft und Kreativität. Als soziales System wollen wir die Errichtung einer Demokratie, die zwei zentrale Ziele verfolgt: Individuelle Entscheidungen in sozialpolitischen Fragen, die Qualität und Richtung des Lebens beeinflussen und eine Gesellschaft, die die Unabhängigkeit des Menschen fördert und die Mittel dafür zur Verfügung stellt.

In einer partizipatorischen Demokratie würde das politische Leben auf mehreren Grundsätzen beruhen: Entscheidungsprozesse zu grundlegenden sozialen Themen werden durch öffentliche Versammlungen durchgeführt; Politik wird positiv gesehen, als die Kunst, gemeinsam eine akzeptable Form der sozialen Beziehungen zu schaffen; Politik hat die Funktion, Menschen aus der Isolation zu holen, in die Gemeinschaft zu bringen, und ihnen hinreichende Mittel zur Sinnfindung im persönlichen Leben zu geben; die politische Ordnung dient dazu, Probleme als Instrumente zur Lösung zu sehen; sie soll Formen für den Ausdruck von persönlichen Beschwerden und Anliegen bereitstellen; gegensätzliche Auffassungen sollten so beleuchtet und organisiert werden, dass Entscheidungsprozesse und die Verwirklichung der Ziele erleichtert werden. Wissen und Macht sind allgemein verfügbar, so dass persönliche Probleme – von schlechten Erholungsmöglichkeiten bis zu persönlicher Entfremdung – als allgemeine Fragen formuliert und gelöst werden können.

Der wirtschaftliche Bereich hätte als Grundlage die folgenden Prinzipien: Arbeit sollte wichtigere Antriebe als Geld oder Überleben enthalten. Arbeit sollte edukativ sein, nicht lähmend, sondern kreativ, nicht mechanisch und manipulierend, sondern selbstbestimmt. Arbeit soll die Unabhängigkeit und den Respekt für andere fördern, uns ein Gefühl der Würde geben und die Bereitschaft, gesellschaftliche Verantwortung zu übernehmen, da es diese Erfahrung ist, die entscheidenden Einfluss hat auf unsere Gewohnheiten, individuellen Wahrnehmungen und unsere Ethik. Die wirtschaftliche Erfahrung ist so persönlich entscheidend, dass jeder Mensch mit voller Entschlossenheit an dieser teilhaben soll.

Die Wirtschaft selbst ist von solcher sozialen Bedeutung, dass ihre wichtigsten Ressourcen und Produktionsmittel offen sein sollen für demokratische Teilhabe und der demokratischen sozialen Regulierung unterworfen sein werden. Wie die politischen und wirtschaftlichen Einrichtungen, sollen auch soziale Einrichtungen – kulturelle, pädagogische, rehabilitative und andere – an ihrem Beitrag für das Wohlergehen und die Würde des Menschen gemessen werden. Im sozialen Wandel finden wir Gewalt verabscheuungswürdig, weil dies in der Regel die Abwandlung des Ziels erfordert, sei es ein Mensch oder eine Gemeinschaft von Menschen, die so zu einem anonymisierten Objekt des Hasses werden können. Es ist zwingend notwendig, dass die Mittel der Gewalt abgeschafft werden, und die Organe – lokal, national, international – Gewaltlosigkeit als eine Grundlage der Konfliktlösung fördern und entwickeln.

Dies ist das Grundgerüst unserer zentralen Werte. Es bleibt wichtig, den Zusammenhang ihrer Ablehnung oder Verwirklichung im Kontext der modernen Welt zu verstehen.

Die Studenten

In den letzten Jahren haben Tausende von amerikanischen Studenten bewiesen, dass sie zumindest die Dringlichkeit der Zeit verstanden haben. Sie demonstrierten aktiv und unmittelbar gegen rassistische Ungerechtigkeiten, die Bedrohung durch Krieg, Verletzung der individuellen Rechte des Gewissens und, seltener, gegen wirtschaftliche Manipulation. Es gelang ihnen, ein kleines Maß an Kontroversen auf dem Campus wiederherzustellen, nach der Stille der McCarthy-Ära. Es gelang ihnen auch, einige Zugeständnisse von den Menschen und Institutionen zu gewinnen, vor allem im Kampf gegen rassistische Bigotterie.

Die Bedeutung dieser zerstreuten Bewegungen liegt nicht in ihrem Erfolg oder Misserfolg – zumindest noch nicht. Auch die intellektuelle »Kompetenz« oder »Reife« der beteiligten Studenten – wie manche Ältere behaupten – spielt keine Rolle. Die Bedeutung liegt in der Tatsache, dass die Studenten die Mauer der

Studenten für eine demokratische Gesellschaft (SDS) · Port Huron Erklärung (1962)

Apathie durchbrechen und in der Überwindung der inneren Entfremdung, die immer noch ein Merkmal des amerikanischen College-Lebens ist. Wenn Studentenbewegungen immer noch die Ausnahme auf dem Campus sind, was ist dann dort alltäglich? Der eigentliche Campus ist ein Ort der privaten Menschen, die mit ihrer »inneren Emigration« beschäftigt sind. Es ist ein Ort des Engagements für Business-as-usual, für Vorankommen, Coolsein. Es ist ein Ort der Gleichmachung, aber der Gleichmachung in der Zurückhaltung gegenüber öffentlichen kontroversen Haltungen. Regeln werden als »unvermeidlich«, Bürokratie als »notwendige Umstände«, Selbstlosigkeit als »Martyrium« und Politik nur als ein weiterer Weg gesehen, um Menschen »rentabel« zu machen

Nur sehr wenige Studenten sehen einen Sinn darin, als Bürger aktiv zu werden. Passiv in der Öffentlichkeit sind sie kaum engagierter in der Organisation ihres Privatlebens. Die Gallup-Studie schließt: »Sie werden sich mit geringem Erfolg zufrieden geben und hohe Risiken vermeiden.« Es gibt keine große Bereitschaft, Risiken – auch nicht in der Wirtschaft – einzugehen; schwierig zu erreichende Ziele werden erst gar nicht gesetzt und es gibt keine wirkliche Vorstellung von persönlicher Identität, mit Ausnahme der Vorstellung, die andere von uns entwickeln. Der Drang nach Selbstverwirklichung beschränkt sich darauf, fast so erfolgreich wie die sehr erfolgreichen Menschen zu sein. Die Aufmerksamkeit wird auf den sozialen Status gerichtet (die Qualität der Hemdkragen, die richtigen Leute treffen, Ehefrauen oder Ehemänner bekommen, hilfreiche Kontakte für »später« knüpfen). Viel Wert wir auch auf den akademische Status gelegt: Auszeichnungen, Ehrungen, etc. Grundsätzlich vernachlässigt werden aber wahre Intellektualität und die persönliche Kultivierung des Geistes.

Man sagt, dass die Studenten sich überhaupt nicht für die Apathie interessieren. Apathie erzeugt ein privates Universum, einen Ort der systematischen Stundenpläne, zwei Nächte pro Woche für Bier, Ausgehen, ein Mädchen oder zwei, eine frühe Heirat; ein Raum angefüllt mit Persönlichkeit, Wärme und Kontrolle, egal wie unbefriedigend die äußeren Bedingungen sind.

Unter diesen Bedingungen verliert das universitäre Leben alle Bedeutung. Vierhunderttausend unserer Klassenkameraden verlassen jedes Jahr das College.

Apathie ist nicht einfach nur eine Haltung, sie ist ein Produkt sozialer Institutionen und der Struktur und Organisation der höheren Bildung selbst. Die Täuschungspraxis bei der studentischen Mitbestimmung macht die Universität zur Ausbildungsstätte für diejenigen, die ihr Leben in politischer Heuchelei verbringen wollen und entmutigt die Initiative von redegewandten, ehrlichen und sensiblen Studenten. Grenzen und Stil der Kontroverse sind abgesteckt noch bevor die Kontroverse beginnt. Die Universität »bereitet« die Studenten auf das »Bürgersein« vor durch ständiges Aufsagen und in der Regel durch die Kastration des kreativen Geist der Einzelnen.

Das akademische Leben verstärkt die Art und Weise in der außerschulisches Leben organisiert wird. Die akademische Welt basiert auf einer Lehrer-Schüler-Beziehung analog zur Eltern-Kind-Beziehung – in loco parentis [an Eltern statt; Anm. d. Übers.]. Darüber hinaus beinhaltet die Wissenschaft eine radikale Trennung zwischen Studenten und Studienmaterial. Das Studium, also die soziale Wirklichkeit, wird »objektiviert« zu Sterilität, um die Studenten vom wirklichen Leben zu trennen – so wie die aktive Beteiligung an der studentischen Mitbestimmung durch die Kontrolle der Dekane zurückgehalten wird. Die Spezialisierung in Funktion und Wissen, zum Teil notwendig, um unsere komplexen technologischen und sozialen Strukturen zu verstehen, hat eine übertriebene Abgrenzung von Methode und Verständnis produziert. Dies hat in der Fakultät zu einer allzu engstirnigen Auffassung geführt über die Rolle ihrer Forschung und Lehre, und bei den Studenten zu einem diskontinuierlichen und verkürzten Verständnis der sie umgebenden sozialen Ordnung, und zu einem Verlust der persönlichen Bindung von fast allen, die den Wert des Studiums als eine humanistische Unternehmung betrachten.

Schließlich führt die Ausbreitung der schwerfälligen Bürokratie in die gesamten akademischen sowie außerschulischen Strukturen dazu, dass die ehrliche Suche von vielen Studenten in eine Ratifizierung des Übereinkommens transformiert und zu einem Taubheitsgefühl gegenüber den gegenwärtigen und künftigen Katastrophen führt. Der Umfang und die Finanzierung der Universitätssysteme führt zu einer ständigen Treuhänderschaft der administrativen Bürokratie, ihre Macht führt zu einer Werteverschiebung innerhalb der Universität in Richtung Geschäftsmäßigkeit und administrative Bürokratie. Große Stiftungen und private finanzielle Interessen prägen die unterfinanzierten Hochschulen und Universitäten, so dass sie nicht nur kommerzialisiert werden, sondern auch weniger geneigt sind, die Gesellschaft kritisch zu betrachten, geschweige denn offen zu widersprechen. Viele Wissenschaftler vernachlässigen das befreiende Erbe der Hochschulen, welches darin besteht, menschliche Beziehungsformen und ethische Werte für die gesamte Gesellschaft zu entwickeln, während andere ihre intellektuellen Fähigkeiten ausüben, um das Wettrüsten zu beschleunigen.

Tragischerweise könnte die Universität eine bedeutende Quelle sozialer Kri-

Studenten für eine demokratische Gesellschaft (SDS) · Port Huron Erklärung (1962)

tik und Initiator neuer Einstellungen und Standpunkte sein. Aber die tatsächliche geistige Wirkung der Hochschulerfahrung ist kaum von der eines allgemeinen Kommunikationsmittels zu unterscheiden – etwa einem Fernseher – vorbei an Wahrheiten der Stunde. Studenten verlassen die Hochschule mitunter etwas »toleranter« als sie angekommen sind, aber im Grunde unangefochten in ihren Werten und politischen Orientierungen. Die Universität wird von der Verwaltung geleitet und der Lehrplan von der Fakultät aufgestellt. Dies führt bei den Studenten zu einer Gewöhnung an Hierarchien und Eliteherrschaft, die sie darauf vorbereiten, später im Leben vielfältige Formen der Minderheitenkontrolle zu akzeptieren. Die eigentliche Funktion des Bildungssystems – im Gegensatz zur rhetorischen Funktion der »Suche nach der Wahrheit« – ist es, die wichtigsten Informationen und Möglichkeiten zu vermitteln, wie man bescheiden, aber angenehm in der großen Gesellschaft außerhalb der Universität zurecht kommt.

Die Gesellschaft jenseits der Universität

Schauen wir über den Campus hinaus auf Amerika. Das studentische Leben ist intellektueller und vielleicht bequemer, kann aber nicht darüber hinwegtäuschen, dass die grundlegenden Qualitäten des Lebens auf dem Campus die Gewohnheiten der Gesellschaft als Ganzes widerspiegeln: die Verzweiflung von Menschen, die bedroht sind durch Kräfte, über die sie wenig wissen. Die fröhliche Leere von Menschen, die alle Hoffnung aufgeben haben, die Dinge zu verändern. Die Gesichtslosen in der Gallup-Umfrage, die »internationale Angelegenheiten« auf Platz 14 auf der Liste der wichtigsten Probleme sehen, aber einen thermonuklearen Krieg in den nächsten Jahren erwarten: Amerikaner ziehen sich in diesen und anderen Formen aus dem öffentlichen Leben und von jeder kollektiven Anstrengung zurück, die eigenen Angelegenheiten zu bestimmen.

 Einige betrachten diese nationale Flaute als ein Zeichen der Billigung der etablierten Ordnung – aber ist es eine Billigung durch Zustimmung oder eine manipulierte Duldung? Andere erklären, dass die Menschen sich zurückziehen, weil zwingende Probleme schnell gelöst werden – vielleicht gibt es weniger Schlange stehen für Brot in Amerika, aber ist Jim Crow[1] verschwunden, gibt es genug Arbeit oder bessere Arbeit, ist die Gefahr eines Weltkrieges eine abnehmende Bedrohung, und was ist mit den revolutionären neuen Völkern? Wieder andere denken, die nationale Stille sei eine notwendige Folge der Tatsache, dass es die Aufgabe der Eliten ist, komplexe und spezielle Probleme der modernen Industriegesellschaft zu lösen – aber warum soll die wirtschaftliche Elite über unsere Außenpolitik entscheiden? Wer kontrolliert die Eliten und werden sie tatsächlich die Probleme der Menschheit lösen? Andere verkünden schließlich achselzuckend, dass eine vollständige Demokratie in der Vergangenheit noch nie funktioniert hat – aber warum wirft man qualitativ unterschiedliche Kulturen zusammen, und wie kann eine soziale Ordnung gut funktionieren, wenn ihre besten Denker Skeptiker sind, und ist der Mensch wirklich dazu verdammt, auf ewig unter den heutigen Herrschaftsverhältnissen zu leben?

Es gibt keine überzeugende Rechtfertigung für die zeitgenössische Malaise. Während die Welt in Richtung finaler Krieg taumelt, während die Menschen in anderen Ländern verzweifelt versuchen, die Ereignisse einer ungewissen Zukunft zu verändern, ist Amerika ohne gemeinschaftlichen Impuls, ohne die innere Dynamik, die für ein Zeitalter notwendig ist, in welchem Gesellschaften sich nicht durch militärische Waffen verewigen können und eine Demokratie lebensfähig sein muss wegen ihrer Lebensqualität, nicht wegen der Anzahl ihrer Raketen.

Die Apathie ist hier zunächst subjektiv – die gefühlte Ohnmacht der einfachen Leute, die Resignation vor der Ungeheuerlichkeit des Geschehens. Aber die subjektive Apathie wird ermutigt durch die objektive amerikanische Situation – die tatsächliche strukturelle Trennung der Menschen von Macht, von relevantem Wissen, von den Zinnen der Entscheidungsmacht. So wie die Universität das studentische Leben beeinflusst, so schaffen wichtige gesellschaftliche Institutionen Umstände, unter denen die isolierten Bürger hoffnungslos versuchen, sich selbst und die Welt zu verstehen.

Die starke Isolierung des Individuums – von der Macht und der Gemeinschaft und der Fähigkeit zu streben – bedeutet das Entstehen einer Demokratie ohne Öffentlichkeit. Mit der großen Masse der Menschen strukturell im Abseits und psychologisch zögerlich in Bezug auf die demokratischen Institutionen, verkrusten diese Institutionen selbst und werden, um den Teufelskreis zu schließen, immer weniger zugänglich für die wenigen, die ernsthaft die Teilnahme an sozialen Angelegenheiten anstreben. Die entscheidende demokratische Verbindung zwischen Gemeinschaft und Führung, zwischen der Masse und den verschiedenen Eliten, ist so zerrissen und pervertiert, dass verheerende Politik immer wieder unangefochten durchgesetzt werden kann.

Studenten für eine demokratische Gesellschaft (SDS) · Port Huron Erklärung (1962)

Die Universität und sozialer Wandel

Es gibt vielleicht wenig Grund, optimistisch zu sein in Bezug auf die obige Analyse. Zwar ist die GOP-Dixiecrat Koalition [Grand Old Party – die Republikanische Partei der USA; Dixiecrat – die ehemalige States' Rights Democratic Party, Anm. d. Übers.] der schwächste Punkt in dem dominierenden Komplex aus wirtschaftlicher, militärischer und politischer Macht, aber die Bürgerrechts-, Friedens-, und Studentenbewegungen sind zu arm und sozial benachteiligt, und die Arbeiterbewegung ist zu untätig, um mit Begeisterung genannt zu werden. Aber woher sonst kann Kraft und Vision beschworen werden? Wir glauben, die Universitäten sind ein Einflussgebiet, das bisher übersehen wurde.

Erstens sind die Universitäten in einer Position, sozialen Einfluss auszuüben. Ihre pädagogischen Funktionen machen sie unentbehrlich und automatisch zu einem entscheidenden Organ bei der Bildung von sozialen Grundsätzen. Zweitens sind die Universitäten in einer unglaublich komplizierten Welt die zentrale Institution für die Organisation, Auswertung und Übermittlung von Wissen. Drittens wurde bereits enthüllt, inwieweit die wissenschaftlichen Ressourcen derzeit eingesetzt werden, um unmoralische soziale Praxis zu untermauern. Das Ausmaß, in dem öffentliche Aufträge im Verteidigungsbereich die Universitäten zu Ingenieuren des Wettrüstens machen, ist ein Beispiel dafür. Ebenso die Nutzung der modernen Sozialwissenschaft als manipulatives Werkzeug in der »Human-Relations«-Beratung für moderne Gesellschaften, die triviale Mechanismen entwerfen, damit Arbeiter Gefühle von »Beteiligung« oder »Zugehörigkeit« entwickeln, die sie tatsächlich aber über deren Ausbeutung hinwegtäuschen sollen. Und natürlich ist der Einsatz von Motivationsforschung schon berüchtigt als manipulativer Aspekt der amerikanischen Politik. Aber diese sozialen Verwendungen von Universitätsmitteln zeigen auch die unveränderliche Abhängigkeit von Macht und Wissen: Dies bindet die Universität funktional auf neue Weise an die Gesellschaft und offenbart damit aber auch neue Möglichkeiten und Ansätze für den Wandel. Außerdem ist die Universität die einzige Mainstream-Institution, die für fast alle Menschen mit den unterschiedlichsten Standpunkten offen ist.

Dies sind Tatsachen, egal wie langweilig der Unterricht ist, wie paternalistisch die Regeln sind, oder wie irrelevant die Forschung ist, die betrieben wird. Gesellschaftliche Relevanz, die Zugänglichkeit zu Wissen und interner Offenheit – diese Faktoren zusammen machen die Universität zu einer potenziellen Basis und Zweigstelle für eine Bewegung des sozialen Wandels.

1. Jede neue Linke in Amerika muss im weiteren Sinne eine Linke mit echten intellektuellen Fähigkeiten sein, beratend, ehrlich, mit der Fähigkeit zur Reflexion. Die Universität ermöglicht das politische Leben als eine Ergänzung zum akademischen Leben und vernunftgeleiteten Handlungen.
2. Eine neue Linke muss signifikante soziale Rollen im ganzen Land besetzen. Die Hochschulen sind im ganzen Land verteilt.
3. Eine neue Linke muss von jüngeren Menschen getragen werden, die in der Nachkriegszeit aufgewachsen sind und sich auf die Rekrutierung von jüngeren Menschen richten. Die Universität ist ein offensichtlicher Ausgangspunkt hierfür.
4. Eine neue Linke muss Liberale und Sozialisten beinhalten, Erstere wegen ihrer Relevanz, Letztere wegen ihrem Sinn für durchgreifende Reformen im System. Für beide Strömungen ist die Universität ein besserer Ort als eine politische Partei, um ihre Differenzen zu diskutieren und eine politische Synthese zu finden.
5. Eine neue Linke muss Kontroversen im ganzen Land beginnen, damit die nationale Politik und die nationale Apathie umgekehrt werden. Die ideale Universität ist eine Gemeinschaft von Kontroversen, in sich selbst und in ihren Auswirkungen auf die Gesellschaft.
6. Eine neue Linke muss moderne Komplexität in Themen transformieren, die verstanden und nachvollzogen werden können. Sie muss Gefühlen wie Hilflosigkeit und Gleichgültigkeit Ausdruck verleihen, damit die Menschen die politischen, sozialen und wirtschaftlichen Ursachen ihrer privaten Probleme erkennen und sich organisieren, um die Gesellschaft zu verändern. In einer Zeit des vermeintlichen Wohlstands, moralischer Selbstgefälligkeit und politischer Manipulation kann eine neue Linke nicht nur auf Hunger und Not setzen, um den Motor der sozialen Reform zu starten. Die Gründe für einen Wandel, der auch unbequeme persönliche Bemühungen einbeziehen wird, müssen so deutlich wie nie zuvor erklärt werden. Die Universität ist ein relevanter Ort für all diese Aktivitäten.

Wir dürfen uns keinen Illusionen hingeben: Die Universität kann nicht die Bewegung der gewöhnlichen Menschen ersetzen, die ein besseres Leben fordern. Die Schulen und Hochschulen im ganzen Land können als Basis für eine militante Linke dienen, um Verbündete zu wecken, und einen Prozess in Richtung Frieden, Bürgerrechte und Arbeitskämpfe in Gang zu setzen auf der Basis von Theorie und Idealismus. Die vereinte Macht von Studenten und Fakultät ist nicht nur Potenzial,

Studenten für eine demokratische Gesellschaft (SDS) · Port Huron Erklärung (1962)

sie hat ihre Kraft im Süden, und in den Reformbewegungen des Nordens gezeigt. Die Brücke zu politischer Macht wird jedoch durch echte Zusammenarbeit gebaut, lokal, national und international, zwischen einer neuen Linken von jungen Menschen und einer erwachenden Gemeinschaft von Verbündeten. In jeder Gemeinschaft müssen wir innerhalb der Universitäten mit Zuversicht handeln, aber unseren Blick nach außen lenken auf den weniger exotischen, aber länger anhaltenden Kampf für die Gerechtigkeit.

Um diese Möglichkeiten Realität werden zu lassen, benötigen wir nationale Bemühungen um eine Hochschulreform und eine Allianz von Studierenden und Professoren. Sie müssen der administrativen Bürokratie die Kontrolle über den Bildungsprozess entreißen. Sie müssen brüderlichen und funktionellen Kontakt mit Verbündeten in der Arbeiter- und Bürgerrechtsbewegung herstellen sowie zu anderen liberalen Kräfte außerhalb des Campus. Sie müssen große öffentliche Themen in den Lehrplan aufnehmen – ein herausragendes Beispiel ist Forschung und Lehre über Probleme von Krieg und Frieden. Debatte und Kontroverse müssen das akademische Leben prägen, nicht langweilige pedantische Phrasen. Sie müssen bewusst eine Basis aufbauen, um die Zentren der Macht anzugreifen.

Als Studenten für eine demokratische Gesellschaft sind wir der Förderung dieser Art von sozialen Bewegungen verpflichtet, dieser Art von Vision und Programm auf dem Campus und im ganzen Land. Wir wollen das scheinbar Unerreichbare erreichen, um das Unvorstellbare zu vermeiden.

Anmerkung

1   Jim Crow ist in den USA das rassistische Stereotyp eines tanzenden, singenden, mit sich und der Welt zufriedenen, aber unterdurchschnittlich intelligenten Schwarzen.

Weitere Themen der 35-seitigen Erklärung sind:

„Politik ohne Öffentlichkeit«; »Die Wirtschaft«; »Der Militärindustrielle Komplex«; »Automation, Überfluss und Wandel«; »Das Individuum im Kriegsstaat«; »Abschreckungspolitik«; »Die koloniale Revolution«; »Antikommunismus«; »Kommunismus und Außenpolitik«; »Diskriminierung/ Rassismus«; »Alternativen zur Hilflosigkeit« – nachzulesen unter: http://www2.iath.virginia.edu/sixties/HTML_docs/Resources/Primary/Manifestos/SDS_Port_Huron.html

Chicago, 1966: Weg mit den Slums - SDS-AktivistInnen setzen auf den Schulterschluss mit den sozial Benachteiligten. (oben)

Ziviler Ungehorsam gegen den Krieg: Studentinnen blockieren 1965 die Einberufungsbehörde in Austin, Texas. (links)

1968 besetzten Studierende die Columbia-Universität in New York, um gegen die Rekrutierung von Soldaten auf dem Campus zu protestieren. Die Besetzung wurde nach einer Woche gewaltsam von der Polizei beendet.

Filmografie

Helen Garvy, gebürtige New Yorkerin, engagierte sich schon in den frühen Sechziger Jahren als Studierende in der Bürgerrechtsbewegung, für Universtätsreformen und gegen den Vietnam-Krieg. 1963 war sie Mitgründerin der Students for a Democratic Society an der Harvard-Universität und arbeitete alsbald für die nationale Leitung der SDS, unter anderem als Herausgeberin des SDS Bulletin. 1967 zog Garvy nach San Francisco um, unterrichtete dort an einer alternativen Schule und war weiter für die SDS und in der Antikriegsbewegung aktiv. 1980 gründete Helen Garvy Shire Films mit und dreht seitdem Filme für Schulen, Theater und für das Fernsehen. Ihre Erfahrungen als Produzentin, Regisseurin und Drehbuchautorin gab Garvy in Kursen weiter und sie schrieb das Buch Before You Shoot: A Guide to Low-Budget Film and Video Production. Ihre berufliche und ihre persönliche Geschichte brachte sie im Film Rebels with a Cause zusammen. Heute lebt Helen Garvy in den Santa Cruz-Bergen in Kalifornien.

Biografisches

Florian Butollo, geboren 1976, hat in München und Berlin Geschichte, Soziologie und Ethnologie studiert und seine Magisterarbeit über einen Vergleich zwischen den Students for a Democratic Society und dem Sozialistischen Deutschen Studentenbund geschrieben. Danach drei Jahre Projektarbeit bei der NGO »Weltwirtschaft, Ökologie und Entwicklung – WEED e.V.« zu den Themen »Politische Regulierung der Finanzmärkte« und »Arbeitsbeziehungen in der IT-Branche«. Seit April 2010 arbeitet Butollo an einer Dissertation zum Thema »Die ‹Harmonische Gesellschaft› in der Krise. Staatliche Krisenpolitik und die Veränderungen der Arbeitsbeziehungen in China«. Er ist politisch aktiv bei Marx21 und dem neuen SDS, dem Sozialialistisch-Demokratischen Studierendenverband (Die Linke. SDS).

Danksagung

An einem Buch wie diesem und an der Bibliothek des Widerstands insgesamt sind viele beteiligt, die im Hintergrund für das Gelingen der Arbeit sorgen. Besonderen Dank für die Unterstützung an diesem Band an Benjamin Braden und Ella Rollnik. Dank an alle UnterstützerInnen und FreundInnen!

Filmrechte und Bildrechte:

Rebels with a Cause: Helen Garvy

Bildnachweis:

Seite 6/7; 10; 90/91; 119/120 – Helen Garvy
Seite 8/9; 11 – Pennsylvania State University
Seite 64 - 69; 71 – Getty Images
Seite 70 – Kent State University
Seite 108 – Austin American Statesman
Seite 109 – Nancy Hollander
Seite 110/111 – Howard Epstein

Impressum

Bibliothek des Widerstands // Band 5 // Rebels with a cause // 1. Auflage 2010 // © für die deutschsprachige Ausgabe by LAIKA-Verlag // Hamburg // www.laika-verlag.de // Alle Rechte vorbehalten // www.laika-verlag.de // DVD-Layout: Martin Bergt // DVD-Authoring und Untertitelung: B.O.A.VIDEOFILMKUNST München // Logo und Coverentwurf: Maja Bechert // Satz: Peter Bisping // Textkorrektur: Öznür Takil // Druck: www.drucktechnik-altona.de // 2010 // ISBN 978-3-942281-74-4

BRING THE WAR HOME!

OCCUPATION TROOPS OUT OF VIETNAM, LATIN AMERICA, ALL OTHER FOREIGN COUNTRIES, BLACK AND BROWN COMMUNITIES, AND THE SCHOOLS.

CHICAGO, OCT 11

ALL POWER TO THE PEOPLE!

Inhalt der DVD

Rebels with a Cause · 109 min · O.m.U.
USA 2000, Regie: Helen Garvy